LINGUAGEM CORPORAL

Mentiras Necessárias, Linguagem Corporal, Grandes Mentiras E Mentiras Que Você Queria Ouvir

(Guia ilustrado para Entender Comunicação Não Verbal)

Roy Fazio

Traduzido por Daniel Heath

Roy Fazio

Linguagem Corporal: Mentiras Necessárias, Linguagem Corporal, Grandes Mentiras E Mentiras Que Você Queria Ouvir (Guia ilustrado para Entender Comunicação Não Verbal)

ISBN 978-1-989837-23-8

Termos e Condições

De modo nenhum é permitido reproduzir, duplicar ou até mesmo transmitir qualquer parte deste documento em meios eletrônicos ou impressos. A gravação desta publicação é estritamente proibida e qualquer armazenamento deste documento não é permitido, a menos que haja permissão por escrito do editor. Todos os direitos são reservados.

As informações fornecidas neste documento são declaradas verdadeiras e consistentes, na medida em que qualquer responsabilidade, em termos de desatenção ou de outra forma, por qualquer uso ou abuso de quaisquer políticas, processos ou instruções contidas, é de responsabilidade exclusiva e pessoal do leitor destinatário. Sob nenhuma circunstância qualquer, responsabilidade legal ou culpa será imposta ao editor por qualquer reparação, dano ou perda monetária devida às informações aqui contidas, direta ou indiretamente. Os respectivos autores são proprietários de todos os direitos autorais não detidos pelo editor.

Aviso Legal:

Este livro é protegido por direitos autorais. Ele é designado exclusivamente para uso pessoal. Você não pode alterar, distribuir, vender, usar, citar ou parafrasear qualquer parte ou o conteúdo deste ebook sem o consentimento do autor ou proprietário dos direitos autorais. Ações legais poderão ser tomadas caso isso seja violado.

Termos de Responsabilidade:

Observe também que as informações contidas neste documento são apenas para fins educacionais e de entretenimento. Todo esforço foi feito para fornecer informações completas precisas, atualizadas e confiáveis. Nenhuma garantia de qualquer tipo é expressa ou mesmo implícita. Os leitores reconhecem que o autor não está envolvido na prestação de aconselhamento jurídico, financeiro, médico ou profissional.

Ao ler este documento, o leitor concorda que sob nenhuma circunstância somos responsáveis por quaisquer perdas, diretas ou indiretas, que venham a ocorrer como resultado do uso de informações contidas neste documento, incluindo, mas não limitado a, erros, omissões, ou imprecisões.

Índice

Parte 1 1

Importância Da Linguagem Corporal................................. 2

LINGUAGEM CORPORAL, UM ELEMENTO INTEGRAL DA COMUNICAÇÃO
NÃO-VERBAL.. 2
O QUÃO IMPORTANTE SÃO AS EXPRESSÕES FACIAIS? 4
A POSTURA DO CORPO SERVE MUITÍSSIMO PARA A COMUNICAÇÃO .. 5
ATÉ MESMO O MAIS PEQUENO GESTO IMPORTA 5

A Química Por Trás Da Linguagem Corporal....................... 7

A COMUNICAÇÃO NÃO-VERBAL É AMBÍGUA? 10
E SOBRE A CREDIBILIDADE? 10
COMUNICAÇÃO NÃO-VERBAL, REFORÇANDO A MANEIRA COMO NOS
SENTIMOS/PENSAMOS 12

As Quatro Distâncias Na Linguagem Corporal................... 14

DISTÂNCIA ÍNTIMA... 15
DISTÂNCIA PESSOAL... 16
DISTÂNCIA SOCIAL... 18
DISTÂNCIA PÚBLICA 20

Sinais Da Linguagem Corporal–Membros Inferiores.......... 22

PERNAS CRUZADAS.. 22
CRUZAR AS PERNAS PARA LONGE DE OUTRAS PESSOAS 23
PERNAS CRUZADAS QUANDO ESTIVER EM PÉ PODEM INDICAR TIMIDEZ
.... 24

Sinais Da Linguagem Corporal–Parte Superior Do Corpo E
Torso... 26

OMBROS E COSTAS 28
BRAÇOS CRUZADOS 28
FICAR DE PÉ COM AS MÃOS NOS QUADRIS 30
SEGURAR AS MÃOS ATRÁS DAS COSTAS..................................... 31

MANTER OS BRAÇOS PRÓXIMOS AO CORPO 33
BATER OU MEXER OS DEDOS REPETIDAMENTE 34

Sinais Da Linguagem Corporal - Rosto, Pescoço E Olhos.... 34

MOVIMENTOS DOS OLHOS 37
FELICIDADE 38
TRISTEZA 39
RAIVA 40
SURPRESA 41
REPULSA 42
MEDO 43
CONFUSÃO 44
EXCITAÇÃO 44
QUAL O SIGNIFICADO DE OLHAR PARA BAIXO? 46
E QUANTO A OLHAR DE LADO? 47
O MOVIMENTO LATERAL DO OLHO PODECONTAR MUITO SOBRE VOCÊ MESMO 48
ENCARAR E OLHAR DE RELANCE 49
CONTATO VISUAL É UMA FORMA DE COMUNICAÇÃO? 50

Diferenças Culturais Na Linguagem Corporal 52

Linguagem Corporal Em Diferentes Situações Sociais 55

COMO USAR SEU CORPO E IMPRESSIONAR OS OUTROS COM SUA CONFIANÇA 55
COMO SABER QUANDO SE ESTÁ SENDO DEFENSIVO 56
LINGUAGEM CORPORAL E FALTA DE INTERESSE 57
SUA LINGUAGEM CORPORAL PODE DIZER SE VOCÊ ESTÁ SENDO VERDADEIRO OU MENTINDO 58
O CORPO FALA ANTES DAS PALAVRAS 59
COMO USAR SEU CORPO PARA SER MAIS ABERTO E RECEPTIVO 59

Conclusão 63

Parte 2 65

Introdução 66

COMUNICAÇÃO É MUITO MAIS DO QUE SÓ PALAVRAS 66

O QUE MAIS ESTÁ ENVOLVIDO NA LINGUAGEM CORPORAL? 69
COMO APRENDER A LER A LINGUAGEM CORPORAL NOS AJUDA? 71

Capítulo 1: A História E A Experiência 73

PSICÓLOGOS DA PRIMEIRA HORA TOCANDO NO ASSUNTO: 77
ALGUMAS DEFINIÇÕES A PROPÓSITO DA LINGUAGEM CORPORAL: ... 79

Capítulo 2: Como Podemos Utilizar Este Conhecimento?.. 81

AQUI VÃO ALGUMAS PERGUNTAS SOBRE A LINGUAGEM CORPORAL
PARA PONDERAR QUANDO SE BUSCA COMPREENDER O TÓPICO: 82
O QUE PODE SER ACORDADO COMO A LINGUAGEM CORPORAL: 83
AS PRIMEIRAS IMPRESSÕES SÃO REALMENTE AS QUE FICAM? 85
MAIS RAZÕES PARA TORNAR-SE CONSCIENTE DESTA LINGUAGEM: .. 86
AQUI ESTÃO ALGUMAS ÁREAS ESPECÍFICAS PARA COMEÇAR A PENSAR
E SE CONCENTRAR: 87
EXPRESSÕES FACIAIS E CORPORAIS EM EXPERIMENTOS: 87
POSTURAS CORPORAIS: 88
POSTURA IRADA VS. MEDROSA: 88
O QUE AS POSTURAS SENTADAS PODEM INDICAR: 89
O QUE AS POSTURAS EM PÉ PODEM INDICAR: 89
POSTURA EXPANSIVA E ABERTA: 90
GESTOS CORPORAIS: 90
GESTOS DOS BRAÇOS: 90
GESTOS DAS MÃOS: 91
GESTOS DOS DEDOS: 91
O APERTO DE MÃO NA COMUNICAÇÃO: 92
DIFERENÇAS NOS SIGNIFICADOS DO APERTO DE MÃO DE CULTURA
PARA CULTURA: 93
OUTROS MOVIMENTOS FÍSICOS NA LINGUAGEM CORPORAL: 93
A LINGUAGEM CORPORAL VERSA MAIS DO QUE APENAS SOBRE A
FORMA COMO NOS MOVEMOS: 94
COMO SEGURAMOS OU NOS RELACIONAMOS COM OS OBJETOS: 95
POR QUE VOCÊ DEVE PRESTAR ATENÇÃO AOS SINAIS SONOROS: 97
COMO OS OLHOS CONTRIBUEM PARA A COMPREENSÃO E A
AVALIAÇÃO ENTRE AS PESSOAS: 97
A EVOLUÇÃO DA LINGUAGEM CORPORAL E COMO USÁ-LA: 98
AO SENTIR INTERAÇÕES AO INVÉS DE OUVIR: 99

Mantendo O Sentimento Em Mente Enquanto Fala: 99
Assistindo Filmes Com O Volume Desligado: 100
Aprender Sobre Isso Nos Ajuda A Compreender E Desenvolver
O Autocontrole: 101

Capítulo 3: Evolução E Natureza 103

A Natureza Vs. A Educação Na Linguagem Corporal: 103
O Lado Mais Confuso Da Comunicação Não Verbal: 106
Mais BenefíciosDessa Função Evolutiva: 107
A Linguagem Corporal Na História Da Humanidade: 108
Diferenças Entre Homens E Mulheres Na Leitura Da Linguagem
Corporal: 110

Capítulo 4: Fatores Que Afetam A Interpretação 112

O Contexto Da Situação: 112
Se Você Tem Provas Suficientes Ou Só Indícios: 113
Etnia E Cultura: 114
Gênero E Idade Desempenham Um Papel Em Como A Linguagem
Corporal É Interpretada: 114
Decepção Ou Pretensão: 115
Sinais De Insegurança, Nervosismo Ou Tédio: 117
Ao Analisar Os Sinais De Alguém, Pergunte A Si Mesmo: 118

Capítulo 5: Traduzindo Linguagem Corporal 119

Coisas A Ter Em Mente Sobre A Leitura Da Linguagem
Corporal: 119
Tradução Para Os Sinais Não Verbais: 120
Olhos Olhando Para A Direita: 122
Olhos Voltados Para A Esquerda: 122
A Cabeça Na Comunicação Não-Verbal: 124
Para Cumprimentar Ou Afastar-Se Dos Outros: 127

Capítulo 6: Como A Meditação Ajuda Com A Linguagem Corporal 129

A Meditação Irá Ajudá-Lo Com A Linguagem Corporal: 129
Tipos Diferentes De Meditação E Como Fazê-Las: 130
A Meditação Sentado: 130

A MEDITAÇÃO CAMINHANDO: 131
A MEDITAÇÃO POR CHAMAS DE VELA: 132
Conclusão 134

Parte 1

Importância da Linguagem Corporal

Desde os tempos antigos, usamos nossa linguagem corporal para nos comunicar, transmitindo nossas emoções e pensamentos para aqueles ao nosso redor. Cada pessoa tem uma linguagem corporal diferente, englobando não apenas as expressões faciais, mas também posturas e gestos. Até mesmo o movimento dos olhos é consideradoparte da comunicação não-verbal, sendo seguido de perto pelo toque e pelo uso do espaço pessoal.

Linguagem Corporal, um elemento integral da comunicação não-verbal

Como a citação acima claramente aponta, na verdade 80% da comunicação humana é não verbal. Alguns especialistas argumentam que pode ser até mais. A linguagem corporal é considerada um elemento integral da comunicação não-verbal, sendo usada, consciente ou inconscientemente, para interagir com outras pessoas. Costuma-se dizer que a linguagem corporal servirá para complementar a comunicação verbal. Através de nossos gestos, posturas e expressões estamos realmente transmitindo muitas informações sobre nós mesmos para o interlocutor. Está claro que a linguagem corporal pode fazer a diferença entre uma interação bem-sucedida e aquela que está fadada ao fracasso desde o início. Basicamente, a informação transmitida através de meios não-verbais, garantirá uma interação apropriada entreduas ou mais pessoas. No entanto, devido as diferenças culturais e outros fatores que influenciam, é importante dizer que a linguagem corporal pode, às vezes, levar a confusões ou estado de ambiguidade. Cada um tem que ser capaz de usar sua linguagem corporal em seu próprio benefício, trabalhando ao mesmo tempo para decifrara informação não-verbal transmitida pela outra pessoa com a máxima precisão. No final, ao dominar a arte da comunicação não-verbal, você terá mais interações bem-sucedidascom outras pessoas; reduzindo o risco de mal entendidos, confusão e constrangimento social.

O quão importante são as expressões faciais?

Toda pessoa no planeta tem expressões faciais, usadas comumente para expressar emoções e/ou pensamentos. É fascinante como muitos músculos estão envolvidos nestas expressões faciais, nos permitindo expressar nossa felicidade, tristeza ouraiva. Erguemos nossas sobrancelhasquando estamos surpresos. Nós torcemos nossos narizesquando algo não combina com nossas preferências. Os cantos da boca se erguem quando estamos felizes. Uma avalanche de expressões faciais entregam informações para o interlocutorsobre como nos sentimos ou pensamos.

Curiosamente, nósfrequentemente usamos expressões faciais e corporais ao mesmo tempo, a fim de transmitir uma interpretação mais significativa de nossos pensamentos e sentimentos. A pessoa que recebe a informação analisará as expressões faciais e corporais de uma só vez, usando sua linguagem corporal para responder à situação em questão.

A postura do corpo serve muitíssimo para a comunicação

A postura corporal de uma pessoa pode fornecer informações sobre a maneira como ela está se sentindo. Também é útil para determinar o que essa pessoa pensa, no momento em questão. As posturas corporais servem como reflexo de nossas emoções, quer estejamos conscientes disso ou não. Por exemplo, se uma pessoa está sentada em uma cadeira, com as costas relaxadas e braços e pernas abertos, isso significa que ela está de fato relaxada, interessada em se comunicar com a pessoa que está em pé na frente dela. Por outro lado, se os braços e pernas estão cruzados, o interesse na interação específica é muito baixo, se não nulo.

Até mesmo o mais pequeno gesto importa

Uma pessoa sábia uma vez disse queum pequeno gesto pode ter um grande impacto. Durante todo o dia, nós interagimos com um número de pessoas, usando gestos para complementar nossas mensagens verbais. Nossos braços, mãos e dedos movem-se em várias direções, assim como nossa cabeça e pernas. Muitos destes gestos são involuntários, porém gestos voluntários podem ser usados para destacar informações que foram transmitidas através de meios orais.

Os gestos que fazemos podem terimpacto diferente, dependendo da cultura a qual pertencemos. Por exemplo, muitos dos gestos feitos com os dedos,que são aceitos nas culturas ocidentais, são ofensivos no Oriente Médio. É importante sempre dedicar um tempopara determinar se um gesto é aceitável ou não do ponto de vista cultural. Você garantirá uma interação apropriadacom a outra pessoa, sem correr o risco de ser insensível em relação à cultura.

Que tipos de informação os gestos podem passar? Bem, vamos pegar os gestos com as mãos como exemplo. Se suas mãos estão relaxadas e se movendo abertamente, isso significa que você confia na informação que lhe é apresentada, e com certeza, em si mesmo (autoconfiança). Por outro lado, manter as mãos cerradas pode indicar que você está estressado ou com raiva. Mover as mãos constantemente ou segurá-las juntas pode significar que você está agitado, nervoso ou ansioso.

A Química por trás da Linguagem Corporal

A comunicação é essencial para nós seres humanos. Na maioria das vezes, quando pensamos em comunicação, tendemos a focar na comunicação verbal. Entretanto, a realidade é que a comunicação não-verbal é mais relevante. Pense a respeito. Os humanos têm usado a comunicação não-verbal desdeo início dos tempos, muito antes da língua falada aparecer.
A comunicação não-verbal nos diz muito sobre como nós somose a mensagem que estamos tentando transmitir. Transmite mais informações do quepalavras reais,

principalmente em relação as coisas que estamos sentindo ou pensando. Na verdade, vários estudosconfirmam que, a comunicação não-verbalfornece mais significado do que qualquer outra forma de comunicação.

Nós tendemos a confiar em gestos e expressões faciais, em situações ondenão estamos certos quanto a mensagem verbal que queremos passar. Também foi descoberto que a comunicação não-verbalé preferida para a expressão de emoções e pensamentos, mesmo que isso possa ocorrer involuntariamente.

Vamos pegar um exemplo. Imagine que alguém lhe pede algo, mas vocênão tem certeza das intençõespor trás do pedido. Bem, em tal situação, você provavelmente confiarána comunicação não-verbalpara identificar as emoções e pensamentosda pessoa que está pedindo algo. Quanto mais interpessoal for a interação, mais você confiará nas dicas não-verbais para ajudar. Isto é válido para trocas emocionais também.

Talvez,a coisa mais interessante sobre a comunicação não-verbalé que quase sempre é involuntário. Dada a sua natureza, você não pode controlartão facilmente quantoa comunicação verbal e, o mais importante, você não pode fingir. Não tem certeza disso? Volte no tempo e lembre quando conheceu alguém pela primeira vez. Se você não gostou dele/dela, é altamente provável que você, involuntariamente, enviou mensagens não-verbais sobre seu interesse.É difícil fingir interesse, não importa o quanto você tente.

Você pode olhar para a comunicação não-verbal como o fator principal para comunicar seus pensamentos e sentimentos. É verdade que algumas pessoas aprendem a controlar seus gestos e expressões faciais; eles o fazem para atingir um objetivo específico. São pessoas que representam empresas importantes, portanto eles devem se educare passar as mensagens da empresa, sem transmitir suas próprias opiniõesatravés de pistas não-verbais.O resto de nós temdificuldade em controlarnossa atitude não-verbal, especialmente quando entramos em uma situação ondepensamentos e sentimentos pessoaistem que ser necessariamente expressados.

A comunicação não-verbal é ambígua?

A comunicação verbal é clara e cristalina, na maioria das situações. A comunicação não-verbal, por outro lado, é bastante ambígua, com expressões faciais e gestos,dada uma multiplicidade de significados, dependendo da situação em questão, culturas ou personalidades envolvidas. Há muitas pistas não-verbaisque não tem um significado específico, estando abertas a interpretações. Às vezes, para reduzir o nível de ambiguidade, talvez possamos confiar em outras pistas, tais quais, o ambiente no qual estamos ou as palavras ditas pelo nosso interlocutor.

E sobre a credibilidade?

Quando uma pessoa fala sobre um assunto, você não está necessariamente inclinado a acreditarnela. Ao decidir se vale a pena ou não acreditar nas palavras ditas por aquela pessoa, você provavelmente levará em conta uma variedade de fatores, incluindo o histórico dessa pessoa, cultura e experiênciana áreasobre a qual ela está falando.

Curiosamente, nós achamos mais fácil acreditar nas informações transmitidas através de meios não-verbais. Peter Drucker uma vez disse queo mais importante na comunicaçãoé ouvir o que não é dito. Bem, a comunicação não-verbal é mais confiáveldo que a mensagem verbal, principalmente porque é difícilser falsaou mantida sob controle.

A comunicação não-verbalgeralmente tem uma natureza involuntáriae esta é uma das razõespelas quais a mensagem transmitida através dela apresenta um nível maiorde credibilidade.Basicamente, você não pode fingir seus gestos ou expressões faciais, portanto a outra pessoa responderá de maneira honesta e adequada também.

Comunicação não-verbal, reforçando a maneira como nos sentimos/pensamos

Muitas das expressões faciais que usamos diariamentesão involuntárias. Nossos corpos se acostumaram a usar elas como uma forma de reforçar como nos sentimos e pensamos. Às vezes, a comunicação verbal não é suficientepara demonstrar aos outros nosso estado emocional ou os pensamentos que estão passando em nosso mente. Por exemplo, digamos que você queira contar uma piada para um amigo. Sorrindo, você irá melhorar a qualidade da comunicação, já que as suas pistas não-verbais transmitirão uma mensagem clara sobre como você está se sentindo.

É importante entender que a comunicação não-verbaltem um impacto claro e profundo nos relacionamentos. Esse impacto pode serpositivo ou negativo, dependendo da situaçãoem que você se encontra. Nós geralmente confiamos nos gestos para expressar nossas emoções, especialmente quando se trata de interações com aqueles que amamos ou estimamos. Amigos dão as mãos, casais se beijame mães sempre acariciam seus filhos. A comunicação não-verbalassegura relações mais próximas, mesmo quando não houver comunicação verbal.

No atual mundo moderno, nós confiamos na comunicação verbalpara identificar a melhor solução para problemasexistentes. Este tipo de comunicaçãodeve ser usado para receber/darinstruções detalhadassobre uma tarefa que temos que desempenhar. No entanto, a comunicação não-verbal continua sendoum método excelentepara transmitirnossas emoções e/ou pensamentos para os outros. É eficiente e, o mais importante, é sempre exato. Assim sendo, a próxima vez que você estiver sem palavras, deixe o seu corpo falar por você.É garantido que ele fará o trabalho, contando para a outra pessoacomo você realmente se sente e pensa.

As Quatro Distâncias na Linguagem Corporal

A linguagem corporal geralmente mostra a extensão do seus sentimentos por alguém. Por exemplo, seus sentimentos por outra pessoa, se você gosta dele ou dela como amigo ou tem um interesse romântico, serão mostrados através da sua linguagem corporal. Um outro fator importanteé a distância física que você observa da pessoa com quem está interagindo, já que todo relacionamentoe ambiente social tem sua própria distância recomendada. Portanto, a próxima vez que estiver em uma conversa, preste atenção na distância que está mantendo de alguém. Sua linguagem corporal envia uma mensagem mais forte do que as palavras que está dizendo. As pessoas se interessam muito mais em leros sinais não-verbais do que no que sai da sua boca. Para evitar ser mal entendido, é uma boa ideia aprender sobre as distâncias comuns observadas na comunicação não-verbal. Você pode então usar as informações que aprendeu para fixarseu ponto de vista enviando a mensagem certa.

Distância Íntima
Com esta distância, você deve notar uma diferença de 15 a 45 centímetros com o seu parceiro. Essa distância é geralmente reservada apenas para pessoas íntimas e com um forte afeto uma pela outra. Essa distância é suficiente para permitir o toque real, o que significa que há uma oportunidade maior de estar mais perto um do outro. Os casais costumam manter essa distância quando estão em público.

Se você estiver lidando com uma pessoa que não esteja intimamente conectada a você, mantenha a distância adequada, pois invadir o espaço pessoal de alguém pode ser um gesto perturbador e pode fazer com que se sintam desconfortáveis. A distância íntima é preservada para pessoas que têm relacionamentos íntimos, como casais, parentes próximos ou até mesmo animais de estimação adorados. Nestes casos, manter uma distância menor ajuda a fortalecer os laços existentes.

Distância Pessoal
Uma distância de 45 centímetros a 1,2 metros é a distância pessoal que é comum entre amigos próximos e colegas. Você sempre encontrará pessoas em conversas profundas mantendo essa distância, especialmente porque as pessoas são mais capazes de notar a linguagem corporal de seus colegas ou amigos. Expressões como movimento dos olhos e dos lábios emitem uma mensagem não-verbal muito forte que mostra a direção em que a conversa está indo. É muito crítico que a distância apropriada, baseada no cenário social, seja estritamente mantida.

Se você quiserdar um aperto de mão, a distância pessoal também é adequada, pois permite espaço suficiente para essa ação, assim como quaisquer outros gestos físicos que você considera importantes em um ambiente social casual. Isso ocorre porque a distância pode cobrir o comprimento do braço, o que é conveniente quando se está mantendo discussões em grupo. Você não terá limitações aos seus movimentos, independentemente do número de pessoas ao seu redor. Há espaço suficiente para seu uso e o conforto é garantido. Sempre que tiver sócios e amigos próximos a você para algumas discussões, assegure-se de manter uma distância pessoal. Quando a distância pessoal apropriada é mantida, as pessoas ficam mais confortáveis e à vontade.

Distância Social
Esta distância exige que duas pessoas estejam de 1,2 a 3,6 metros distantesuma da outra. Como esta distância é mais para reuniões sociais, não há necessidade de manteruma distância maior, como as que você manteria em ambientes formais. Nestes ambientes, lembre-se também de respeitar o posicionamento das outras pessoas ao seu redor. Sua linguagem corporal e onde você escolhe se posicionar em uma sala tem um efeito significativo em como você é percebido pelos outros. É importante enviar uma imagem humilde e não dominante para que outras pessoas na reunião sintam que estão sendo respeitadas e ouvidas. Nas reuniões sociais, cada pessoa deve ter a mesma oportunidade de participar.

A distância social é projetada de tal maneira que manter contato visual entre as pessoas presentes é fácil. Os discursos proferidos nas reuniões sociais também devem ser altos o suficiente para que todos possam ouvir. Ter a quantidade certa de contato visual e volume de voz

pode ajudar a tornar a comunicação bem-sucedida. Sem esses elementos essenciais, a eficácia e a produtividade das reuniões sociais serão reduzidas.
Uma informação adicional é que algumas reuniões sociais também podem ser formais. Assim, há exceções para a distância de um a três metros. Saber qual distância é apropriada em cada situação é crucial.

Distância Pública
Esta distância mede de 3,7 a 7 metrose entra em jogo em reuniões públicasonde uma pessoa está se dirigindo a uma multidão. É necessário ter a certeza de que as informações sendo passadas podem ser recebidas por todas as pessoas sem exceções. Além disso, em um palco públicoonde a multidão pode estar mais carregada, esta distância oferece segurançaao proteger o interlocutor de um possível ataque. É sempre bom manter uma distância segura das pessoas que possam atacar a qualquer momento. Porém, considerando uma distância maior, orados que estão a uma distância de três a sete metros longeda audiência são forçados a usar, principalmente, gestos não-verbais exageradospara passar sua mensagem ao público com eficácia. A mensagem do interlocutoré mais eficaz quando sua linguagem corporalcombina perfeitamente com as palavras ditas.

A essa distância, também será muito difícilpara as pessoas veremas expressões faciais do orador. Dessa maneira, torna-se ainda mais crucial que o interlocutoruse efetivamente gestospara dar mais brilho a sua mensagem. Pessoas que têm experiência em falar em públicoe sabem como ler linguagem corporalserão mais ligeiras em fazer ajustes rápidospara atender sua multidão ou público. Como exemplo, oradores experientesusarão gestos maiores com as mãos ou a cabeçapara substituir as expressões faciais que o seu públiconão consegue ver a longa distância. Um outro exemplo de alguémque manteria uma distância públicaé um professor, que mantém um bom espaço dos estudantes enquanto ensina.

Agora que você já aprendeu sobre as diferentes distâncias, você deve escolher a distância apropriada para cada situação. Não escolha uma distância íntimaquando estiver falando em uma reunião públicaou vice e versa.Entender estes gestos da comunicação não-verbalirá lhe beneficiar de várias formas, seja pessoalou através de seu relacionamento com os outros. Entender a linguagem corporal pode ajudara entender melhor como as outras pessoas estão se sentindo em uma situação. Ser capaz de se comunicar bem com a linguagem corporaltambém ajudará a desenvolver os relacionamentos de maneira mais eficiente, pois os outros terão tempo de lhe conhecere formar um relacionamento com você.

Sinais da Linguagem Corporal– Membros Inferiores

Se as pernas da pessoa estiverem separadas na largura dos ombros, seja quando estiver em pé ou sentada, isso indica que a pessoa está relaxada.

Pernas cruzadas

Pernas cruzadas podem ser interpretadas como se alguém precisasse de alguma privacidade, por isso ele ou ela está completamente fechado. Outras pessoas terão acesso a você negado, então não há espaço para iniciar qualquer tipo de conversa. Outra mensagemque pernas cruzadas podem passar é que você não está pronto para sair. Você quer ficar por mais tempo e ter a garantia de que ninguém vai te expulsar. Nos homens, cruzar as pernas pode ser usado como uma forma de proteger a masculinidade. Sabe-se que pessoas que têm baixa autoestima preferem esse posicionamento das pernas.

Cruzar as pernas para longe de outras pessoas

Quando você cruza as pernas, pode optar por fazê-lo com as pernas afastadas da pessoa com quem está lidando. Isso envia uma mensagem dura. Isso significa que você não está interessado naquilo que a pessoa está dizendo. É uma maneira dura de demonstrar desaprovação e desconforto. Muito poucas pessoas têm a confiança de dizer às outras pessoas que elas não gostam de seus sentimentos em relação a elas. Se você é um desses indivíduos, esse posicionamento de pernas pode vir em seu socorro. Não haverá necessidade de conversas adicionais para permitir que essas pessoas leiam sua comunicação não-verbal. Diz tudo em ações claras.

Pernas cruzadas quando estiver em pé podem indicar timidez

Cruzar as pernas quando se está em pé pode significar que a pessoa é tímida ou está desconfortável em uma determinada situação social. Também pode significar que a pessoa está cansada de ficar de pé e quer se sentar.

Resumo

Cruzar as pernas enquanto estiver sentadoé algo que a maioria das pessoasfaz por puro conforto, especialmente as mulheres. Mas, às vezes isso pode significar que a pessoa está se sentindo na defensiva, retirada ou fechada.

A posição do pé também é uma ferramenta útil na interpretação da linguagem corporal. Se os pés da pessoa estão apontando para você quando estiver em pé de frente um para o outro, isso indica que a pessoa está à vontade com você. Seus olhos estarão focados em você e sua cabeça será apontada em sua direção.

Entretanto, se os pés da pessoa estiverem apontando para longe de você, é muito provável que a cabeça e os olhos também não estejam em você. Isso pode indicar uma falta de interesse ou uma sensação de desconforto ou constrangimento.

Estas são apenas algumas das dicas que podem ser usadas para interpretação da linguagem corporal. Interpretação da linguagem corporal é uma habilidade útil que você precisa trabalhar regularmente. É extremamente benéfico se você souber decifrar os significados da linguagem corporal de outra pessoa. Porém, as indicações não são verdadeiras em todos os momentos. Nem todas as impressões da leitura da linguagem corporal duram. Isso só será favorável se você já tiver uma ideia sobre a personalidade da pessoa.

Com mais prática, você será melhor e mais sutilna sua abordagem.

Sinais da Linguagem Corporal–Parte Superior do Corpo e Torso

Nossos braços e mãos são uma outra chave para a interpretação da linguagem corporal.

- Os braços em uma posição aberta demonstram um sentimento de honestidade e que a pessoa está aceitando a situação.
- Braços cruzados no peito significamuma postura defensiva, e também pode significardúvida ou suspeita sobre o que a outra pessoa está dizendo.
- Palmas da mão abertas expressamum sentimento de estar relaxadoe confortável.

- Colocar as mãos no bolso é geralmenteum sinal de nervosismo ou falta de interesse.
- As mãos na cintura podem indicarraiva ou fúria.

1. modo como a pessoa aperta a mãopode ter todos os tipos de significado:
2. É costume levantar-se para apertar as mãos. Isso mostra um sinal de respeito. Contato visual durante todo o tempo do aperto de mão é sinal de sinceridade.
3. A pessoa que inicia o aperto de mão está mostrando um sinal de confiança, enquanto as palmas das mãos suadas indicam ansiedade ou nervosismo.
4. Um aperto de mão firmecom a mão apontando para baixo é universalmente reconhecidocomo sinal de confiança. As palmas das mãos também devem entrar em contato uma com a outra. Muito apertado, pode significar que estão se compensando demais por algo. Por outro lado, um

aperto de mão fracocom a mão apontando para cimaindica timidez ou nervosismo.

Ombros e Costas
Quando os ombros estão quadrados e puxados para trás, sem muito aperto nos músculos das costas, indicam confiança.
Quando os músculos das costas estiverem rígidos e duros, isso indica tensão e nervosismo. Postura relaxada das costas e ombros significa preguiça ou tédio.

Braços cruzados
Há vários tipos de mensagenspassadas pelos braços cruzados, mas geralmente retratauma pessoa defensiva. Quando você tem os braços cruzados, em geral, significa que você nãoquer comunicação com outras pessoasou fatores externos. Muitas pessoas tendem a fingir que cruzam os braços porque está frio,pois gostariam de gerar algum calor. Em sua superficialidade, há pessoas que interpretarão tal expressão de maneira semelhante. Com o devido respeito, isso tem um significado totalmente diferente

quando se trata de lidar com a linguagem corporal.

Isto também implica quevocê não está pronto para se comprometerem qualquer discussão ou conversa daquele tipo. Isso literalmente coloca uma barreirana frente do corpo para alertarqualquer pessoas com a intenção de iniciar uma conversa. Deste modo,deve-se ser muito cauteloso em falar com uma pessoa que tenha osbraços cruzados. Vulnerabilidade ou sensação de insegurança pode informar a decisão de uma pessoa de cruzar os braços. Se for esse o caso, será interpretado como se você estivesse buscando autoconforto, e isso será necessário em tal ponto.

Visto que os braços cruzados podem significar que alguém está fechado a quaisquer discussões, existem sinais adicionais que completam o gesto que você também deve procurar. Quando uma pessoa cruza os braços, ela pode complementar isso com um sacudir da cabeça para dizer "não" ou até mesmo evitar fazer contato visual por todos os meios possíveis. Outros sinais podem ser os pés da pessoa apontando para longe da sua direção, pernas cruzadas e inclinando-se para trás. Estes são os sinais que você pode ver em uma pessoa que está cruzando os braços para manter as pessoas afastadas.

Ficar de pé com as mãos nos quadris

Se você quiser mostrar ao mundo que você tem o controle total de sua vida, ficar de pé com as mãos nos quadrisserá a pose correta. Pessoas que sabem como ler bem a linguagem corporallhe dirão exatamenteissosemerro de interpretação. Também pode ser uma amostra de agressividade. Essa posição é preferida pela maioria dos homensquando estão flertando com mulheres. Eles tendem a se inclinar um pouco e isso é interpretado como significando de que o homem está interessado em uma mulher e gostaria de ficar com ela por mais tempo. Isso não significa que as mulheres não façam a pose. Elas a fazem e significa a mesma coisa. A pose pode variar bastante, maso fator constante são as mãos nos quadris.

Todo o resto pode mudar mas isto não. A pessoa pode escolher se inclinar para frenteenquanto a cabeça desliza para um lado. Tudo isso para mostrar atenção ao que está sendo dito e pode ser complementado por um simples sorriso e algum contato visual direto. Esta é uma pose de confiançae pessoas que a usamestão sempre prontas a ir aos extremospara alcançar seu objetivo. Se você for agressivo e quiser mostrar isso não verbalmente, apenas fique de pé e coloque suas mãos nos quadris. Todo mundo vai estar falando sobre você e sua personalidade. É mais eficaz do que andar por aí dizendo "sou agressivo". As ações sempre falam mais alto que palavras e essa linguagem corporal se encaixa no contexto.

Segurar as mãos atrás das costas

Apreensão, frustração e raiva são as principais mensagens que segurar e apertar as mãos atrás das costas enviarão para as outras pessoas. Dão a sensação de uma pessoa estar nua e que não gostaria de ser vista por outras pessoas. Algum desconforto pode se instalar, o que é o principal sinal de uma pessoa que está passando por alguns momentos de ansiedade. Você vai se sentir sentado, de pé, andando e correndo ao mesmo tempo.

Abrir os braços

Abrir as suas mãos é outro gesto que você pode tomar para ter a sensação de comando. Você estará tentando ter tanto espaço disponível para seu uso quanto possível. Este é um gesto que vai certamente aumentar a sua confiança, porque marca o seu território. Esta é uma comunicação não-verbal eficaz que não precisa de nenhuma palavra proferida para fazer as pessoas entenderem o que você está sentindo. Tanto homens quanto mulheres gostam de assumir essa postura quando têm alguma autoridade para comandar.

Outra interpretação para os braços abertos é preparação para um abraço. É mais comum ser visto em pessoas que estão prestes a se abraçar. Esta é uma ótima maneira de demonstrarafetoa pessoas amadas sem essencialmente dizer isto. As pessoas se abraçam como uma maneira de saudação, o que não tem nada a ver com afeição; porém,definitivamente enviará uma mensagem diferente se envolver o sexo oposto. Mesmo as crianças se abraçam, às vezes, quando brincam, o que não deve ser tomado como significado de suas ações. Abrir os braços amplamente é uma comunicação não-verbal que envia uma mensagem forte sobre os sentimentos de alguém.

Manter os braços próximos ao corpo
Há muitos momentos na vida em que você achará útil manter os braços próximos ao corpo. Algumas disciplinas esportivas como golfe e beisebol colocam mais ênfase no posicionamento dos braços para amortecer o corpo de lesões. Essa é uma interpretação para se ter sobre esta postura, que também desempenha um papel vital ao dirigir um carro. Além de esportes, manter os braços perto do corpo pode enviar uma mensagem séria sobre o seu eu interior. É uma maneira não-verbal de comunicar suas emoções que muitas pessoas descobrirão ser útil.

Essa postura significa que você está guardando muito em si mesmo e não gostaria de atrair a atenção de outras pessoas. As pessoas com essa postura geralmente se retiram do público para viver uma vida mais privada, ainda que temporariamente. Quando você tiver alguns assuntos pessoais para lidar e não quiser a interferência de outras pessoas, apenas atinja essa postura e a mensagem chegará a eles muito bem.

Bater ou mexer os dedos repetidamente
Você gosta de mexer ou bater os dedos repetidamente? Você pode ter feito isso em várias ocasiões, mas não estava informado sobre a mensagem que está enviando para outras pessoas. Aqueles que são experientes na leitura da linguagem corporal irão facilmente dizer que você está impaciente, entediado ou até mesmo frustrado. Essa é uma das maneiras pelas quais as pessoas podem liberar essa tensão de seus corpos.

Sinais da Linguagem Corporal - Rosto, Pescoço e Olhos

Se você estiver interagindo com uma pessoae perceber que ela está olhando para cima, não se preocupe. Este gesto é frequentemente associadocom estar pensando em algum evento particularou atividade, sendo mais comum àqueles que tem pensamentos visuais. No entanto, quando a respectiva pessoa estiver franzindo também, isto pode dizer queele ou elaestá, na verdade,julgando o interlocutor.

Oradores que falam ao públicogeralmente olham para cima quandoestão fazendo uma apresentação ou conduzindo uma palestra, sendo este um gesto comum nestas situações. Raramente isso significa que estão realmente tentando recordar sua apresentação/fala. Em geral, se alguém estiver olhando para cima e para a esquerda, isso significa que ele/ela está tentando se lembrar de um evento do passado. Por outro lado, se olharmos para cima e para a direita, isso significa que estamos tentando imaginar algo, talvez até uma mentira.

É possível que olhar para cima seja um gesto inconsciente, significando que a pessoa em questão está entediada. Ao olhar para cima, ela está realmente examinando o ambiente e tentando identificar possíveis pontos de interesse. O olhar para cima, combinado com a ligeira descida da cabeça é um gesto comum, realizado por pessoas que são atraídas umas pelas outras. Ao manter a cabeça baixa, você está se mostrando submisso, enquanto o contato visual direto é um sinal claro de que você está interessado na pessoa em questão.

Sobrancelhas
Sobrancelhas erguidas expressamsurpresa ou choque. Um movimento das sobrancelhas, enquanto estiver olhando para outro indivíduo, mostra que a pessoa está reconhecendo a outra ou cumprimentando-a.

Nariz
Tocar ou esfregar o narizé um dos gestos de auto toque mais comuns, o que é geralmente feito por pessoas que estão mentindo ou tentando esconder algo.

Lábios
Lamber ou morder os lábiosé um dos sinais típicos das mulheres quando estão flertando.

O gesto de beijar pode ser feitopara demonstrar afeto, e também como forma de saudação.

Movimentos dos Olhos
Se a pessoa estiver com as pupilas dilatadas, ele ou ela está interessado na conversa.

Olhar para direções diferentestambém tem significados diferentes. Quando alguém olha para cimae para a direita, significa que está imaginando algo visual. Enquanto isso, quando alguém olha para cima e para a esquerda, significa que está tentando lembrarde algo. Contudo, ainda há instânciasonde a ordem é inversa, dependendo da pessoa. Tente testar essa pessoaprimeiro, pedindopara lembrar de algo conhecidoe para imaginar um evento.

Por outro lado, olhar para baixosignifica que alguém está falando consigo mesmo, porém isto é mais evidentese também houver movimento dos lábios. É também um sinal em potencialde vergonha, culpa ou submissão. Quando as pessoas olham para baixo, tipicamente significa queeles estão acessandocomo eles se sentiram em relação a algo. Olhar para outra pessoa e para baixosignifica que ela está no controleda situaçãoou está conversando com alguém que está sob a sua superioridade.

Movimentos de olhos laterais podem indicarsinais de desonestidade, distração, ou pode ser que se esteja lembrando de informações auditivas.Ao olhar de um lado para o outro e depois para a testa significa que você está olhando para alguém com superioridade. Ao descer até o nariz, você está conversando com alguém dentro do nível do seu status. E ao olhar de um olho para o outro e para os lábios, isso indica um sinal de atração ou romance.

Felicidade

Expressões faciais de felicidadessão uma das mais fáceisde reconhecer,sem dificuldades. Elas são universais e consistentemente transmitem mensagens positivas. Uma pessoa simpática sempre terá expressões de felicidade no rosto. Aproximar-se de tal indivíduo será muito fácil. Diz-se que as expressões faciais de felicidade são mais praticadas do que genéticas. Isso se deve ao fato de que as pessoas tendema usá-laspara esconderemoções negativas, que possam terem seu sistema. Os cientistas realmente provaram que algumas pessoas têm expressões amigáveis no rosto, mas não são felizes por dentro, o que é comumente conhecido como "fingir até conseguir".

Tristeza

Essas expressões vêm como um oposto direto da felicidade e serão vistas em pessoas que desaprovam qualquer coisa.Tais expressões faciais serão vistas em pessoas que estão de luto, passando por qualquer forma de perda, aqueles que sofrem com dor, bem como pessoas que geralmente se sentem desconfortáveis com a vida.Infelizmente, existem algumas culturas que proíbem as pessoas de mostrar publicamente sinais de tristeza em seus rostos, o que é retrógrado. Tais expressões vêm de emoções, assim ninguém pode controlá-las. O destaque de um rosto triste é o choro, mas há um grande debate sobre isso. Está claro que as lágrimas não dizem necessariamente se alguém é infeliz. Há lágrimas de alegria também, então você deve ser muito preciso em rotular as pessoas que estão tristes apenas olhando para as lágrimas.

Raiva

Se você estiver com raiva, as expressões faciaisdirão tudo sem sua boca dizer nada. Raiva é muito comum hoje em dia, pois é como as pessoas expiram seu aborrecimento causado pelo estresse da vida. Se você estiver frustrado no trabalho, na escola, e até mesmo em casa, o resultado final será raiva. Por mais que você tente esconder isso de outras pessoas, suas expressões faciais definitivamente o trairão.A raiva pode ser resultado de interações pessoais e interpessoais.Essas expressões faciais são mais visíveis nas interações pessoais, enquanto a interação interpessoal parece desabafar sua raiva de maneira mais violenta. Você achará fácil tentar acertar a pessoa responsável por sua raiva. É incontrolável, mas a raiva pessoal pode ser facilmente controlada. Se não for gerenciado na primeira oportunidade, a raiva pode resultar em conflitos. Acredita-se que as expressões de raiva em homens e mulheres são diferentes, mas nada tangível foi apresentado para apoiar o argumento.

Surpresa

Como você reage a uma surpresa? Cada pessoa tem um jeito único de reagir. As mulheres são mais conhecidas por preferir surpresas (especialmente de seus colegas do sexo masculino) e suas reações são loucas, para dizer o mínimo. Algumas gritam alto enquanto outras pulam de alegria - se for uma boa surpresa. Porém, surpresas podem ser boas ou ruins; portanto você deve se colocar em uma posição para diferenciá-las. Se há expressões faciais que dão trabalho às pessoas para detectar e registrar, são as de surpresa. Isto porque elas vêm inesperadamente sem que ninguém esteja preparado. Além disso, elas geralmente são de curta duração, então não há tempo para analisá-las ou fazer um balanço do que aconteceu. Uma vez que uma expressão facial ocorre em resposta a uma surpresa, existem outras expressões que se seguem imediatamente. Por exemplo, se for uma surpresa ruim, uma expressão de tristeza se seguirá. Caso a surpresa seja positiva, então espere algumas expressões de felicidade.

Repulsa

Você irá exibir expressões faciais de repulsa, uma vez que o corpo esteja sujeito a qualquer coisa que seja nauseante. Isso pode ser resultado de um mau cheiro vindo de algo que está apodrecendo, ou até mesmo algo ruim que você encontra em sua comida ou bebida. Estas são geralmente expressões para mostrar rejeição total de algo que não é bem-vindo em sua vida. Em muitos casos, as pessoas que demonstram repulsa em seus rostos têm controle mínimo sobre a situação, mas fazem isso para demonstrar sua insatisfação. Até seis músculos lineares estão envolvidos quando essas expressões faciais são exibidas. Sinais comuns a serem observados na detecção dessas expressões incluem, um lábio superior erguido, ponta do nariz enrugada e bochechas elevadas.

Medo

O medo prende as pessoas que não têm garantia de segurança pessoal e seus rostos estão entre as primeiras partes do corpo a mostrar isso. Os olhos tendem a se abrir mais do que o normal, enquanto as sobrancelhas são erguidas. A boca também pode se abrir levemente, com cinco músculos lineares e um esfíncter envolvido. Quando essas expressões são visíveis no rosto de uma pessoa, elas falam de um perigo ou ameaça iminente. Existem muitos fatores que causam medo nas pessoas, os quais você precisa estudar bem e compreendê-los antes de tomar uma decisão. Algumas respostas do corpo são responsáveis por causar ansiedade, o que se traduz em um humor abafado. Se esse medo é prolongado, pode acabar causando algumas complicações de saúde, portanto, deve ser abordado o mais cedo possível.

Confusão

A testa e o nariz serão os principais determinantes das expressões faciais que demonstram confusão, pois é aí que a maior parte da ação é enfatizada. Se estiver confundido, você experimentará as duas partes sendo enrugadas ou até mesmo uma sobrancelha sendo erguida. Também pode haver a possibilidade de ter seus lábios juntos franzidos. Confusão sintetiza um caso de total mal-entendido e essas expressões faciais sairão do esforço para obter tal entendimento. Toda pessoa tem o desejo de entender as situações e evitar confusão, mas isso acontecerá em níveis variados.

Excitação

Existem diferentes expressões faciais que podem ser usadas para descrever o estado de excitação em uma pessoa. De um modo geral, isso é mais positivo e mostra que algo de bom aconteceu. Estas expressões são acompanhadas por um sorriso com a boca aberta para mostrar consternação.

Quando excitado, os olhos estarão bem abertos, com as sobrancelhas erguidas mais alto para pontuar os níveis de energia. Uma pessoa sempre parecerá alegre e animada quando a excitação penetrar, e o corpo geralmente se tornará impulsivo a qualquer atividade.

Desejo

Esta é a necessidade de conseguir algo na vida e expressões faciais podem ilustrar isso muito bem. As expressões variam de uma situação para outra, pois há muitos desejos que temos na vida. O desejo funciona bem com foco para que você tenha os olhos focados naquilo que deseja alcançar. Seus olhos piscarãoo mínimo para evitar ser interrompido enquanto a língua pode estar se movendo de um lado da boca para outro. Durante tais situações, você terá mais energia do seu cérebro dedicada a alcançar o que deseja.

Desprezo

Estas são expressões faciais que mostram total desaprovação de algo. É uma maneira de dizer um grande "não" ao que alguém está tentando colocar em você.

Quando você tem uma expressão no rosto mostrando desprezo, ela terá três características principais. Um, o seu queixo estaráelevado, tornando muito fácil olhar para o agressor. Uma careta é outra expressão que mostrará um claro desdém e é pontuada por um sorriso. A outra característica das expressões faciais por desprezo é um canto do lábio apertado que parece erguido em um dos lados do seu rosto. Alguns desses sinais são muito claros e você não precisará de nenhuma maneira complexa para lê-los.

Independentemente do tipo de emoções que estão passando dentro do seu eu interior, existem muitos tipos de expressões faciais que você usará para exibi-las externamente. Está em você saber a melhor maneira de interpretar isso corretamente.

Qual o significado de olhar para baixo?

Desde o início, está claro que olhar para baixo é um gesto de submissão. É como se você quisesse provar para a outra pessoa que você não é uma ameaça, tentando estabelecer uma relação clara. Às vezes, isso pode significar que a pessoa em questão está se sentindo culpada. De maneira contraditória, há algumas pessoas que usam esse gesto para dominar os outros e demonstrar seu poder.

Olhar para baixo e para a esquerda está associado a pessoas que estão acostumadas a falar sozinhas. Se você prestar muita atenção, descobrirá facilmente que seus lábios estão se movendo apenas ligeiramente. Por outro lado, olhar para baixo e para a direita está associado à expressão de pensamentos e/ou emoções pessoais.

Olhar para baixo, como um gesto, pode ser interpretado de forma diferente, dependendo da cultura a qual alguém pertence. Como exemplo, em muitas culturas asiáticas é considerado falta de educação manter contato visual direto. Olhando para baixo, você estará mostrando respeito pela pessoa em pé/sentada à sua frente.

E quanto a olhar de lado?

Olhar de lado é um dos gestos mais óbvios que uma pessoa fará ao ficar entediada.

Basicamente, a pessoa em questão está procurando por novos pontos de interesse, olhando para os lados. Às vezes, podemos olhar para a esquerda ou para a direita, para determinar de onde vem uma certa distração. Este é realmente um instinto ancestral; o cérebro tenta determinar se uma ameaça potencial está próxima ou se algo de interessante está prestes a acontecer.

Em certas situações, olhar para os lados pode significar que a pessoa realizando este gesto está irritada. A direção em que estamos olhando também é importante; estudos confirmaram que olhar para a esquerda está associado ao desejo de recordar um certo som, enquanto olhar para a direita ocorre sempre que estamos tentando imaginar o som respectivo.

O movimento lateral do olho podecontar muito sobre você mesmo

O movimento lateral do olho envolve o movimento dos olhos de um lado para outro, sendo diferente do gesto de olhar para os lados. Este gesto é frequentemente visto em mentirosos patológicos, especialmente quando eles estão tentando sair de uma determinada situação. Pessoas que discutem segredos ou assuntos confidenciais podem apresentar esse gesto também, estando atentos e preocupados que alguém possa ouvir sobre seus planos.

Encarar e olhar de relance

Encarar é um gesto comum e que realizamos regularmente. Quando uma pessoa encara a outra por um período prolongado de tempo, pode significar que ela está apaixonada. A concentração no corpo inteiro da pessoa está associada a sentimentos de luxúria, enquanto o olhar especial nas áreas íntimas da pessoa é um sinal claro de que o interesse sexual está presente.

É comum que pessoas de autoridade usem o olhar fixo para convencer os outros a tomar uma certa decisão. Em geral, esse gesto é mantido curto, mas em um alto nível de intensidade. De outro ponto de vista, contemplar é um gesto que é inconscientemente evitado pelos mentirosos; isso porque, quanto mais tempo eles mantêm o contato, mais se sentem culpados. O olhar de relance, por outro lado, é curto por definição e, dependendo da situação, pode sugerir uma ampla gama de coisas: desejo, preocupação, interesse em algo proibido, atração e até desaprovação.

Contato visual é uma forma de comunicação?

Pelo que foi dito até agora, você provavelmente sabe a resposta para essa pergunta. Mais uma vez, dependendo da situação e das pessoas envolvidas nesse tipo particular de comunicação, o contato visual pode sugerir interesse em alguém/algo, amor e até o desejo de dominar.

Na maioria das situações, não estamos particularmente conscientes do momento exato em que estamos fazendo contato visual. Tudo o que precisamos é nos interessar pelo que uma determinada pessoa tem a dizer, então o contato visual seguirá naturalmente. Contudo, uma das coisas mais difíceis na vida é manter o contato visual por um período prolongado

de tempo (a maioria das pessoas prefere a versão mais curta, pois é mais confortável e fácil de se desvencilhar).
Quanto mais tempo o contato visual for mantido, mais ameaçados nos sentiremos. Como uma forma instintiva de proteção, a maioria das pessoas inicia o contato visual fazendo pequenas pausas de tempos em tempos. Todavia, você deve sempre prestar atenção ao significado que esse gesto tem, pois você pode acabar insultando a pessoa que está na sua frente. Somente na situação em que há interesse romântico entre duas pessoas, o contato visual é considerado um gesto aceitável. De uma perspectiva completamente diferente, vale a pena mencionar que as pessoas que são inseguras geralmente evitam o contato visual. Além disso, aqueles que não querem ser persuadidos por outros, recorrem a comportamentos semelhantes.

Diferenças Culturais na Linguagem Corporal

A história nos diz que as pessoas começaram a apertar as mãos para transmitir intenções pacíficas aos outros (e também ao fato de não terem nenhuma armaescondida). Hoje, o aperto de mão tornou-se um ritual de saudação comum, ajudando a demonstrar o nível atual de confiança. Um aperto de mão fornece muitas informações sobre a pessoa em questão, especialmente quando se trata do quanto ela está disposta a permitir alguém mais em seu espaço pessoal.

Os apertos de mão podem ser muito fracos ou fortes demais, cada situação transmitindo uma mensagem diferente sobre a pessoa que está sacudindo as mãos. Se o aperto de mão for muito fraco, isso significa que a pessoa em questão não está suficientemente confiante, ansiosa ou nervosa em relação à interação atual. Um aperto de mão que é muito forte pode significar um desejo de dominar, ou excesso de confiança.

As diferenças culturais também influenciam no significado dos apertos de mão. Por exemplo, nos países europeus é costume homens e mulheres apertarem as mãos, seja como uma saudação ou como uma forma de acordo para uma determinada decisão. Nos países muçulmanos, tal interação é proibida e severamente desaprovada. Mais uma vez, voltamos à ideia de sensibilidade cultural. Devemos sempre prestar atenção à cultura e decidir, em um instante, se um certo gesto é culturalmente aceitável ou não.

Em países como a Índia, não parece haver muita exigência para manter uma distância pessoal. É muito comum ficar a uma distância próxima quando estiver se comunicando com alguém; se você estiver com um estranho ou não. A China é outro país no mundo onde as pessoas não estão muito preocupadas com a distância pessoal enquanto interagem. A distância pessoal que eles mantêm é menos importante do que realizar o objetivo da conversa e da interação.

O precedente de manter uma distância pessoal segura também é muito comum e difundido no mundo ocidental. Você sabia que o espaço pessoal também envolve algum toque? Sim, esse é o caso e é levado muito a sério nas culturas sul-americanas e mediterrâneas. Nessas culturas, a crença geral é que uma conversa pode ser aprimorada se uma pessoa na conversa tocar a outra. Sua conexão também será mais forte. Aqueles que não tocam em seus amigos enquanto conversam são considerados como sendo de sangue frio. No mundo oriental, tocar uma pessoa enquanto você fala é, em grande parte, um tabu e fazer isso é considerado uma ofensa. Ações como dar tapinhas nas costas de alguém ou mesmo em seus braços são inaceitáveis.

Antes de viajar para esses países é aconselhável que você reserve um tempo para aprender mais sobre a linguagem corporal nessa cultura, e o que é considerado apropriado, especialmente para a distância pessoal. A linguagem corporal inadequada pode levaros outros a percebê-lo como uma pessoa mal-educada,uma vez que se faça algo com alguém daquela cultura ou formação. Se for mais apropriado ficar mais perto ou mais longe, certifique-se de educar-se sobre qual distância é a mais adequada para a cultura das pessoas com as quais você estará se comunicando. A distância pessoal é um dos aspectos mais importantes da linguagem corporal e tem muitas implicações na comunicação não-verbal. Outra parte importante da linguagem corporal e comunicação com pessoas de diferentes culturas é o seu aperto de mão.

Linguagem Corporal em Diferentes Situações Sociais

Como usar seu corpo e impressionar os outros com sua confiança
Se você quiser impressionar os outros com sua confiança, você pode usar sua

linguagem corporal e transmitir essas informações de maneira eficiente. Comece com sua postura e fique em pé, certificando-se de que seus ombros estão retos. Eduque-se para manter contato visual, sorrindo o máximo que puder (quando apropriado). Gesticule com as mãos e os braços para enfatizar pontos em sua fala. Preste atenção ao tom da sua voz, mantendo-a entre moderada e baixa.

Como saber quando se está sendo defensivo

Se você estiver numa situação em que sente que seu oponente é mais forte que você ou excessivamente agressivo, você pode começar a agir defensivamente (consciente ou não). Seu corpo dará sinais claros de que você está sendo defensivo e é melhor aprender como reconhecê-los. Por exemplo, se você se abstiver de gestos de mão/braço, mantendo-os perto do corpo, você está claramente sendo defensivo. Indivíduos defensivos terão poucas ou nenhuma expressão facial. Eles afastarão o corpo do interlocutor ou preferirão cruzar os braços, como um gesto de recusar contato adicional. Muito pouco ou nenhum contato visual será feito.

É possível tornar-se defensivo ao negociar um acordo comercial difícil. Cuidado com os sinais acima mencionados, para se ter certeza de não estar sendo muito defensivo. Você pode aprender como ser mais aberto, usando sua linguagem corporal para transmitir sua abertura e receptividade para os procedimentos de negociação.

Linguagem corporal e falta de interesse

Se você já falou para uma plateia, provavelmente está ciente de que é extremamente difícil manter as pessoas envolvidas por um certo período de tempo. Por outro lado, se você já fez parte do público, provavelmente já demonstrou essa falta de interesse.

Quando você não estiver envolvido em uma conversa, discussão, reunião,etc., seu corpo mostrará isso. A cabeça será mantida para baixo, com os olhos tentando se concentrar em outras coisas. Você pode gastar seu tempo escolhendo fiapos imaginários em suas roupas, brincando com sua caneta ou rabiscando. A postura também é um bom indicador de que você não está interessado nas coisas que estão sendo discutidas, especialmente se você estiver afundado na cadeira.

Sua linguagem corporal pode dizer se você está sendo verdadeiro ou mentindo

Uma pessoa sábia disse uma vez que, se você quer encontrar a verdade, você tem que analisar a linguagem corporal do falante e depois as palavras que saem de sua boca. Pessoas que estão mentindo mantêm pouco ou nenhum contato visual, sendo agitadas e estão constantemente tocando seu rosto. Elas também podem apresentar movimentos rápidos dos olhos, pois evitam o foco em um indivíduo em particular.

É comum que os indivíduos que mentem cubram a boca com as mãos ou dedos. Eles têm uma taxa de respiração elevada, com o rosto e pescoço de cor vermelha. A transpiração pode ser apresentada em volume elevado, enquanto alguém pode gaguejar ou sentir a necessidade constante de limpar a garganta.

O corpo fala antes das palavras

Digamos que você esteja em uma entrevista para um novo emprego. O entrevistador faz uma pergunta difícil e você não tem certeza sobre a sua resposta. Antes de falar, seu corpo já forneceu muitas informações sobre sua incerteza. Por exemplo, você evitará contato visual direto enquanto estiver pensando na resposta. Você pode usar os dedos para acariciar seu queixo, tocar sua bochecha com as mãos e inclinar a cabeça, enquanto seus olhos estarão olhando para o teto.

Como usar seu corpo para ser mais aberto e receptivo

Para mostrar sua abertura, tente uma postura relaxada, com os ombros mantidos em posição reta. Isso mostrará que você está confiante e confortável ao mesmo tempo. De vez em quando, interrompa seu discurso com uma pausa, pois isso atrairá o interesse do interlocutor. Se você também se inclinar, o sucesso da interação é garantido. No entanto, você precisa ter certeza de que não está no espaço íntimo da outra pessoa, pois pode ser visto como agressivo.

Tente manter uma ampla base de apoio, pois isso é um sinal de confiança e abertura. Abstenha-se de se afastar do interlocutor, pois você definitivamente será interpretado como hostil. Evite cruzar os braços e, em vez disso, mantenha-os no seu colo ou na lateral do corpo (sinais de abertura). Se o aperto de mão for necessário, escolha o tipo firme, evitando o "triturador". Sempre mantenha contato visual, mas atente para a intensidade (sem encarar).

Ao falar para um grande público é muito importante permanecer aberto. Por exemplo, você precisa remover qualquer barreira física para garantir um senso de conexão entre você e o público. Não importa o quão desconfortável ou incerto você possa se sentir, evite cruzar os braços, pois isso estabelecerá uma barreira clara.

Por aquilo que foi dito até agora, você provavelmente entendeu que as diferenças culturais têm uma clara influência na linguagem corporal de uma pessoa. Isso é ainda mais válido quando se trata da distância social que se considera aceitável. Em primeiro lugar, existe a distância íntima, que é de apenas 45 cm. Somente conhecidos íntimos e amigos são geralmente aceitos a uma distância tão pequena. A distância pessoal, entre 45cm e 1,2 m, usada para conhecer novas pessoas. A partir dessa distância, você pode apertar as mãos e realizar uma análise rápida da outra pessoa.

A distância social, entre 1,2 e 3,6 m, é a comumente usada entre indivíduos para interações menos pessoais. A distância social é considerada aceitável para transações comerciais e negociações. Em tais situações, recomenda-se que a pessoa fale em voz alta e tente manter contato visual em todos os momentos. Por último, mas não menos importante, você tem a distância pública, entre 3,7 e 4,5 m, que é usada por professores e outros oradores públicos. A essa distância, obteremos mais informações dos gestos feitos com as mãos e braços, bem como dos movimentos da cabeça. As expressões faciais do palestrante não são tão importantes, pois não são tão bem percebidas pelo público.

Conclusão

Nós usamos nossa linguagem corporal inconscientemente. Ela transmite muita informação sobre a maneira como nos sentimos e pensamos. Como você viu neste livro, a linguagem corporal é responsável por quase toda a comunicação que ocorre entre os seres humanos. Implica em expressões faciais dos mais variados tipos, gestos que são comuns e raros, além de uma ampla variedade de posturas altamente sugestivas.

De tudo o que foi escrito, você provavelmente entendeu que nossas emoções e pensamentos são expressos vividamente através de sinais não-verbais. Às vezes, deixamos de perceber esses sinais, devido às nossas diferenças culturais. Em tais situações, torna-se essencial tomar consciência da sensibilidade cultural e tentar nos colocar no lugar da outra pessoa.

Usamos gestos para dizer aos outros que gostamos deles e os acolhemos em nosso espaço pessoal. Ao mesmo tempo, temos uma grande variedade de outros gestos, reservados para aqueles que não gostam e claramente não querem invadir nosso espaço pessoal. O aperto de mão é mais do que um gesto usado para saudação, tendo uma infinidade de significados, como você deve ter notado. Sorrisos e risadas podem garantir uma interação bem-sucedida, sugerindo à outra pessoa que estamos bem e confortáveis com o referido encontro.

Lembre-se sempre de que seu corpo tem voz própria e que você pode educar essa voz para transmitir as informações corretas. Não tenha medo de aprender sobre comunicação enganosa e como identificar os sinais não-verbais que outras pessoas usam quando estão mentindo. Respeite o espaço íntimo da outra pessoa e mantenha contato visual sempre que estiver interessado em alguém.

Parte 2

Introdução

Este livro contém estratégias e caminhos comprovados sobre a maneira de utilizar o conhecimento existente acerca da linguagem corporal,para uma melhor leitura do outroe expressão de você mesmo. Com este conhecimento,você será capaz de ter relacionamentos mais saudáveis,alcançar seus objetivos no trabalho,e influenciar as pessoas da maneira que desejar.

Muitas pessoas perguntam-se porqueas mensagens que tentam transmitir nunca parecem alcançar seu objetivo, ou por que elas se afiguram não conseguir interpretar as outras à sua volta.Muitos dos problemas em ser compreendido e compreender os outros podem ser traçados na origem pelo desconhecimento da linguagem corporal.

Comunicação é muito mais do que só palavras

Embora assumamos tipicamente que os seres humanos comunicam-se principalmente usando a fala,a linguagem corporal é o fator mais importante da comunicação. Isto se aplica nos relacionamentos pessoais, no ambiente profissional,e mesmo na interação com desconhecidos.A linguagem corporal é relevante para qualquer situação que envolva ver ou ser visto em contato.

Comunicar-se com outros tem muito a ver com ouvir.Quando se trata de linguagem corporal no sentido observável, sinais não verbais estão constantemente sendo intercambiados,quer palavras sejam utilizadas,quer não.

Este tipo de linguagem é uma via de mão dupla:

O que você comunica: A linguagem corporal que você expressa mostra o que você realmente tem a intenção de transmitire o que sente em relação àqueles a sua volta,quer você tenha consciência disso ou não.

O que você lê nos outros: A linguagem corporal expressa por outras pessoas revelará as intenções e sentimentos delas para você,se você souber como prestar atenção.

Receber e enviar mensagens usando a linguagem corporal ocorre em ambos os níveis, consciente e subconsciente.Um outro termo para o estudo da comunicação não verbal écinesia,originado da palavra grega *kinesis*,que significa movimento.

Este tipo de comunicação envolve sentimentos,pensamentose intenções sendo expressados através de movimentos físicos,tais como o movimento dos olhos,a postura, as expressões faciais, a gesticulaçãoe os toques. Esta linguagem existe não apenas entre humanos,mas entre os animais também. Este tipo de língua,diferentemente de muitas outras,não possui uma estrutura gramatical e é mais aberta à interpretação do que outras, a exemploda língua de sinais.

Em sociedades individuais,há interpretações consensuais sobre certos comportamentos. Estas interpretações não são as mesmas em cada cultura ou país. Do mesmo modo, há dúvidas sobre se a linguagem corporal é ou não uma realidade universal. Esta linguagem relacionada à comunicação não verbal geralserve como um complemento à palavra falada nas interações entre as pessoas. Na verdade, foi descoberto em muitos estudos que a comunicação não verbal é responsável pela maior parte da informação trocada durante as interações entre as pessoas.

A linguagem corporal não apenas estabelece relacionamentos, como também determina a interação entre quem se comunica. Apesar de ser uma forma de comunicação importante, ela pode ser algo obscura e ambígua. Isso torna necessário aprender como interpretar esses sinais de modo exato, de forma a evitar confusão ou enviar sinais equivocados aos outros.

O que mais está envolvido na linguagem corporal?

Espaço pessoal: A linguagem corporal também tem a ver com onde alguém coloca seu próprio corpo em relação à posição dos outros. Por exemplo, isso pode estar relacionado com o fato de as pessoas se colocarem no centro de uma sala, muito próximas às demais, seencolherem num canto ou se espalharem pelo ambiente.

Pequenos movimentos: A linguagem corporal engloba movimentos quase imperceptíveis para a mente consciente,tais como micro expressões da face e movimentos dos olhos.Pode envolver,da mesma forma,movimentos da boca ou sutis deslocamentos das sobrancelhas.

Gesticulação: Os movimentos das mãos das pessoas quando falam podem dizer bastante sobre como elas estão se sentindo e mesmo carregar mensagens ocultasem seu discurso. As mãos são um dos maiores meios que a espécie humana tem para expressar-se.

Funções do corpo: A linguagem corporal também cobre áreas que não esperaríamos ou mesmo não pensaríamos naturalmente, como transpiração,respiração,ruborização,níveis de pressão arterial, e mesmo a pulsação.Embora alguns desses não sejam perceptíveis a olho nu,eles podem ser intuídos.

Como aprender a ler a linguagem corporal nos ajuda?

Palavras por si mesmas,particularmente quando se trata de palavras relacionadas a sentimentos,usadas em situações lidando com emoções,quase nunca refletem inteiramente os verdadeiros motivos ou significados por trás delas. Isto significa que procurar por indicações adicionais para interpretações pode ser extremamente útil para nós. A leitura da linguagem corporal ajudará você a desvendar o comportamento das pessoas.

Saiba como aqueles com quem você fala realmente se sentem e o que eles têm em mente. Muitas vezes, o tom ou o comportamento de uma pessoa contradiz completamente suas palavras.

Compreenda melhor como os outros podem estar interpretando nossos próprios sinais não verbais e intenções, aos quais nós habitualmente não prestamos atenção.

Obtenha uma melhor compreensão sobre a espécie humana, para além da mera comunicação verbal emitida para os outros.

Como pode ver pela lista acima, este é um assunto com o qual você pode ganhar muito aprendendo, o que faz deste livro o lugar ideal para começar.

Obrigado novamente por baixar este livro, espero que você goste!

Capítulo 1: A História e a Experiência

Por muitos séculos, cientistas e filósofos têm observado a conexão entre o comportamento físico dos seres humanos e sua personalidade,humore sentido, mas a linguagem corporal consiste em objeto de estudo bem mais recente. Temos um longo caminho a percorrer com esta escola da Psicologia,embora ela tenhase tornado muito mais detalhada e sofisticada, quando comparada a tempos passados. Estudos registrados e pesquisas nesta matéria são bastante limitados ou inexistiam até meados do século vinte.

Os primeiros pensadores a considerar a matéria:

Os primeiros especialistas a contemplar o assunto foram os gregos antigos.Aristóteles e Hipócrates demonstraram interesse no comportamento e na personalidade do indivíduo.Podemos também presumir que os romanos estiveram interessados, e Cícero em particular apreciava contemplar a comunicação e os sentimentos humanos.

Muito desta preocupação aparece em tópicos relacionados com o desenvolvimento de ideias acerca do discurso e da oratória,tendo em vista quão significativos estes meios foram para o governo e a liderança naqueles tempos.

Em eras mais recentes, surgiu material escrito sobre a linguagem corporal.Podemos olhar,por exemplo,no ano de 1605, para os trabalhos de Francis Bacon, nos quais ele refletiu sobre a maneira como os gestos são uma extensão da conversação verbal. Um autor chamado John Bulwer publicou em 1644 um livrosobre gesticulação. Em 1806,Gilbert Austin explorou a eficácia de aprimorar o discurso com gestos.

Especialistas em Linguagem Corporal:

Darwin,no final do século XIX,foi a primeira figura acadêmica influente a observar a linguagem corporal,de maneira séria e científica.Contudo,as ideias nesta área parecem haver desacelerado ou de modo geral deixaram de avançar durante o século e meio seguinte.

O trabalho de Charles Darwin abriu as portas para muitas escolas de pensamento etológico. Algumas começaram a estudar o comportamento dos animais.No início do século XX,o estudo estava estabelecido e avançou para abranger o comportamento dos seres humanos e a organização das estruturas sociais.

Nas áreas em que a Etologia cobre a evolução e comunicação dos animais,o estudo se relaciona fortemente com a linguagem corporal dos seres humanos. Os etólogos passarama aplicaro conhecimento recolhido nesses estudos à linguagem corporal,voltando-se para as origensda investigação em comunicação não verbal. Similar à Psicologia,a Etologia é uma ciência ampla e variada,que continuamente esclarece nossa compreensão da comunicação não verbale tudo o que ela implica.A compreensão acadêmica da linguagem corporal,em um formato acessível e popular, é relativamente nova.

Julius Fast publicou um livro sobre o assunto em 1971e comentou que a ciência é tão nova que seus especialistas são virtualmente desconhecidos.Fast foi um autor americano premiado,publicou livros denãoficção e ficção,focando sobretudo a respeito do comportamento e fisiologia humana.Seu livro foi único,no sentido de ser um dos primeiros trabalhos publicados a introduzir o tema da linguagem corporal para um público mais amplo.

Embora Fast estivesse entre os primeiros, existemexceções,como Charles Darwin,que foi uma grande influência para o autor.Darwin publicou um livro em 1872que discutia diretamente as emoções em humanos e animais.Este trabalho esteve entre os primeiros publicados a propósito da ciência da linguagem corporal,muito embora só tenha sido assim reconhecido mais tarde.

Psicólogos da primeira hora tocando no assunto:

Nos últimos anos do século XIX,assim como nas primeiras partes do século XX,outros como Sigmund Freud e alguns acadêmicos contemplariam aspectos da linguagem corporal no campo da Psicologia.Esses especialistas tinham consciência de aspectos da linguagem corporal como o espaço pessoal,mas quase nunca se concentravam diretamente em comunicação não verbal ou propunham suas próprias teorias sobre o conceito de linguagem corporal. Na época, os psicólogos (incluindo Freud) estavam concentrados na análise por razões terapêuticas e nosestudos comportamentais, muitos dos quais não viam os estudos de linguagem corporal como necessários.

Um livro chamado O Macaco Nu publicado por Desmond Morris apareceu em 1967, cobrindo novas visões sobre os estudos de comportamento humanoe abordando tópicos de linguagem corporal.O autor era um zoólogo da Grã-Bretanha, gostava de escrever sobre o comportamento humano e a maneira como nos comunicamos com o lado animalesco da evolução humana. O trabalho deste autor é popular ainda hoje e,embora controverso até certo ponto, pode lançar muita luz sobre a maneira como os seres humanos se comportam.

Apesar dos livros de Desmond Morris não mencionarem diretamente nem enfatizarem a linguagem corporal humana, o autor teve boa recepçãograças ao aumento do interesse pelo assunto.Pela primeira vez,o interesse pela linguagem corporal se estendeu para além da comunidade científica e as pessoas ficaram mais curiosas sobre a forma,para além das palavras, pela qual nos comunicamos uns com os outros.

As expressões faciais são,sem dúvida,um dos aspectos mais importantes da linguagem corporal,mas é difícil delinear os estudos científicos realizados em épocas passadas. Entretanto, existem algumas informações sobre o tema.

Algumas definições a propósito da Linguagem Corporal:
Antroposcopia: Esta é uma definição bastante obscura relacionada ao estudo da linguagem corporal. A palavra descreve o exame de expressões e características faciais (e corporais) que foram consideradas para indicar as origens étnicas, a natureza ou as qualidades gerais do caráter de um indivíduo.

As raízes antigas dessa palavra demonstram que embora a linguagem corporal tenha sido recém definida comoconceito e método pela Psicologia Analítica, a ideia de inferir o caráter e a natureza de um indivíduo a partir das expressões faciais não é nova.

Proxêmica: Anteriormente, mencionamos a ideia de espaço pessoal. Proxêmicaé a definição técnica para descrever o estudo do uso do espaço social. Este termo existe desde meados de 1900 e foi desenvolvido por um antropólogo que empregou o termo para referir-se à contiguidade, vizinhança ou proximidade.

Cinésica: Este termo descreve a interpretação da comunicação observando-se os movimentos do corpo. É a disciplina que estuda o significado expressivo dos gestos e dos movimentos corporais que acompanham os atos linguísticos (posturas, expressões faciais, etc); estudo da linguagem corporal.

Capítulo 2: Como podemos utilizar este Conhecimento?

O conceito de linguagem corporalé uma ideia poderosa entendida por todas as pessoas bemsucedidas e inteligentes. Isso pode incluir você também. A teoria e os estudos sobre este assunto entraram na corrente principal de pensamento nas últimas décadas, porque os psicólogos acadêmicos descobriram o que queremos dizer com os nossos gestos. Nossas expressões e até mesmo os menores movimentos podem dar uma pista do que estamos sentindo mesmo quando nossas palavras não o transmitem.

A comunicação não verbal e a linguagem corporal são basicamente conceitos intercambiáveis. Alguns consideram ser a linguagem corporalconstituída apenas por gestos ou posicionamento do corpo, enquanto outros consideram-na algo mais profundo. Cabe a você determinar a área mais valiosa paraenfocar. Ao pensar ou estudar o tópico mais um pouco você deve obter as respostas que precisa para sua jornada pessoal em relação ao assunto. Ao restringir seu foco aos setores mais relevantes da linguagem corporal você pode aprimorar informações úteis de maneira mais eficaz e tornar-se um especialistapor conta própria.

Aqui vão algumas perguntas sobre a linguagem corporal para ponderar quando se busca compreender o tópico:

Os movimentos oculares e as expressões faciais estão incluídos na linguagem corporal?

A transpiração e a respiração estão envolvidas nessa linguagem?

Já que o volume e o timbre da voz são tecnicamente ações verbais, você os considera igualmente parte da linguagem corporal?

Ao fazermos essas perguntas o ponto não é encontrarmos uma resposta objetiva, mas decidir no que você acha válido se concentrar em sua própria descoberta do significadoda linguagem corporal. Outra boa razão para explorar essas questões seria ampliar o âmbito desse significado, a fim de obter o máximo de sentido na comunicação. Esses sinais podem ser perdidos se não forem ponderados e incluídos.

É fácil ficar confuso quando o contexto e as definições não estão claramente estabelecidos. Para dar um exemplo, muitos costumam dizer que a comunicação não verbal é responsável por mais de 90% do que as pessoas aproveitam de qualquer interação humana. Outros afirmam que fazer tal generalização é impossível. A pesquisa na qual se baseia esta afirmação, na verdade, enfocou as interações com um forte elemento de emoções ou "sentimentos" para os envolvidos. Além disso, esta estimativa de mais de 90% incluiu a entonação vocal, que alguns não consideram ser uma parte oficial da definição de linguagem corporal.

O que pode ser acordado como a linguagem corporal:

Independentemente do fracasso dos especialistas em concordar com números exatos ou estatísticas sobre o tópico, podemos assumir com segurança que a linguagem corporal forma uma grande parte do que é expresso e interpretado nas comunicações interpessoais. Muitos especialistas e fontes de estudo parecem concordar que pelo menos metade e até 80% de todas as interações entre humanos não são verbais.

Assim, embora as estatísticas exatas da linguagem corporal possam diferir em situações diversas, as pessoas geralmente concordam que a comunicação não é apenas verbal, que a comunicação não dita é importante e crucial para a maneira como interagimos e nos entendemos como seres humanos. Isso é especialmente verdadeiro em conversas carregadas de emoção.

Sinais, pistas, deixas e intenções não verbais são especialmente importantes quando nos encontramos pela primeira vez com alguém. Nossas opiniões a respeito de uma nova pessoa são formadas nos primeiros segundos de interação e esse julgamento instintivo e fundamental é baseado muito mais no que sentimos e observamos sobre ela do que em quais palavras ela escolhe usar.

As primeiras impressões são realmente as que ficam?

Você pode se lembrar de situações em que teve uma opinião forte sobre alguém antes mesmo de ouvi-lo falar e isso não é incomum. Aqui são nossos instintos humanos em ação, construídos em milhares de anos de evolução. Como consequência dessa função, a linguagem corporal é extremamente influente na formação de nossas primeiras impressões de uma nova pessoa que estamos encontrando. O efeito se dá nos dois sentidos:

Quando nos defrontamos e travamos conhecimento com uma pessoa pela primeira vez, a linguagem de seu corpo desempenha um papel grande em nossa primeira impressão, nos níveis subconsciente e consciente. Muito dessa reação é instintiva e está além do controle de nossa mente consciente.

Da mesma forma, quando outra pessoa nos encontra inicialmente ela já está formando sua primeira impressão de como ela se sente em relação a nós, principalmente segundonossas sugestões não verbais e da linguagem do nosso corpo.

Mais razões para tornar-se consciente desta linguagem:

Esta troca mútua de sinais de linguagem corporal continuará durante todos os nossos relacionamentos e interações com outras pessoas. Isto demonstra a importância de nossa conscientização sobre o tema. Essa linguagem está sempre sendo trocada e negociada entre nós quer estejamos cientes disso ou não, muitas vezes ocorrendo em um nível abaixo do consciente.Tenha em mente que enquanto você está lendo e interpretando as pistas não verbalizadas por uma outra pessoa (consciente e inconscientemente), ela está fazendo o mesmo com você.

Os indivíduos com uma percepção mais consciente de leiturada linguagem não verbal geralmente têm uma vantagem maior sobre as pessoas que só percebem o que veem na superfície. A boa notícia é que você sempre pode melhorar nisso e transformar sua vida e relacionamentos.

Você mudará sua percepção dessa linguagem nãoverbal do plano subconsciente para oconsciente estudando e lendo sobre o assunto, para então praticar suas novas descobertas consigo e outras pessoas com que interagir.

Aqui estão algumas áreas específicas para começar a pensar e se concentrar:
Expressões faciais:
Esta área é essencial quando se trata de expressar sentimentos não verbais. Os movimentos das bochechas, lábios, sobrancelhas, olhos e até mesmo nariz combinam-se para formar e transmitir uma infinidade de expressões. Estudos revelam que expressões faciais e corporais andam de mãos dadas quando se trata de interpretar sentimentos.

Expressões faciais e corporais em experimentos:
Experimentos em psicologia comportamental provam que o reconhecimento de expressões faciais

pode ser influenciado fortemente pelo que percebemos como expressões do corpo. Isso significa que nossos cérebros processam as expressões corporais e faciais de outras pessoas ao mesmo tempo. Indivíduos testados sobre o assunto demonstraram julgamento precisona leitura de emoções com base nas expressões do rosto.

Isso pode ser explicado pelo fato de que o rosto e o corpo são tipicamente vistos juntos em ambientes naturais e que sinais de sentimentos vindos do corpo e da face são completamente integrados e normais.

Posturas corporais:
Podemos detectar as emoções das pessoas através da postura de seus corpos. Estudos comprovam que a postura corporal é reconhecida com maior precisão quando um sentimento pode ser comparado a outra emoção ou a um sentimento neutro.

Postura Irada vs. Medrosa:
Para dar um exemplo, um indivíduo sentindo raiva exibiria domínio sobre outra pessoa e sua postura apresentaria

tendência ao confronto. Se você comparasse isso com alguém sentindo medo, ele normalmente pareceria submisso e fraco e sua postura exibiria tendência a evitar a ameaça, o oposto à postura anterior.

O que as posturas sentadas podem indicar:

Pessoas sentadas até o fundo da cadeira e inclinadas para a frente, balançando a cabeça em resposta à conversa, sugerem estar relaxadas, abertas e em posição de ouvir. O oposto disso, indivíduosque mantêm suas pernas ou braços cruzados, enquanto movem o pé ligeiramente, demonstram não estarem emocionalmente envolvidos na conversa e provavelmente sentem-se um pouco inquietos ou impacientes.

O que as posturas em pé podem indicar:

Em uma discussão que envolva pessoas em pé, um indivíduo ficar com os braços e os pés apontando para a pessoa com quem está falando sugere que ele está interessadoe atento ao orador.

Por outro lado, uma pequena diferença nessa postura pode sinalizar muito mais do que parece. Se esse mesmo indivíduo tiver uma das pernas cruzadas e colocar o equilíbrio de todo o corpo em apenas uma perna, isso pode estar transmitindo uma atitude de descontração.

Postura Expansiva e Aberta:
A postura não verbal ao mesmo tempo expansiva e aberta também pode desempenhar um papel nos níveis de cortisol e testosterona no organismo. Ambos têm efeitos significativos sobre o comportamento dos indivíduos.

Gestos Corporais:
Esta seção pode ser definida como movimentos feitos com partes do corpo, como a cabeça, dedos, pernas, braços e mãos. Esses movimentos podem ser voluntários ou involuntários.

Gestos dos Braços:
Os gestos dos braços podem ser traduzidos de muitas maneiras diferentes. Durante uma discussão, pode-se sentar ou ficar de braços cruzados, o que geralmente denota um estado de espírito não muito

acolhedor. Isso pode indicar que a mente da pessoa está fechada e ela não está muito disposta a ouvir outro ponto de vista.

Mais um gesto revelador, quando alguém cruza um dos braços sobre outro. Essa postura pode indicar um sentimento de inferioridade, insegurança ou falta de autoconfiança.

Gestos das Mãos:
Quando alguém usa muitos gestos com as mãos, sinaliza um bom estado de espírito. Se a pessoa que fala tiver as mãos em uma posição relaxada mostra autoconfiança e altos níveis de confiança nas demais. Mãos fechadas são indicadores de raiva ou estresse. Se ela está mexendo muito as mãos ou torcendo-as, sente-se ansiosa ou nervosa.

Gestos dos dedos:
Esses gestos são comumente usados como uma maneira de exemplificar a fala, além de denotar o estado de espírito do indivíduo. Em algumas sociedades, usar seu indicador para apontar é considerado inaceitável. Em outras culturas, apontar

diretamente para alguém com o dedo indicador pode ser considerado um gesto agressivo.

A maioria de nós está familiarizada com o gesto do polegar apontando para cima com a mão fechada sinalizando algo bom. Todavia, em alguns paíseso gesto é visto como muito rude e ofensivo, o equivalente nos Estados Unidos a apontar para cima só o dedo médio.

O aperto de mão na comunicação:

Todos conhecemos os apertos de mão, os rituais usados para cumprimentar, encontrar, dar os parabéns aos outros e muito mais. Esses rituais podem ser um bom indicador do nível de confiança ou emoção da pessoa de quem você está apertando a mão.

Tipos de aperto de mão:

Pesquisas mostram que existem vários estilos de aperto de mão, incluindo o de segurar-se os dedos, o "aperta os ossos" (quando alguém tem um aperto muito forte), o aperto molee tantos outros.

Diferenças nos significados do aperto de mão de cultura para cultura:
Em vários países, esta forma de saudação é apropriada e normal para mulheres e homens. Porém, na maioria dos países islâmicos, os homens não são autorizados a apertar as mãos ou até mesmo tocar as mulheres. Em algumas sociedades hindus, os homens não podem apertar a mão das mulheres, em vez disso, devem cumprimentar fazendo um gesto de oração.

Outros movimentos físicos na linguagem corporal:
Além dos métodos familiares para discernir a linguagem corporal descritos acima, há outras maneiras menos óbvias de ler as pessoas à sua volta. Se você notar alguém cobrindo a boca, por exemplo, pode estar sentindo o desejo de suprimir sentimentos ou estar inseguro. Isso também pode sinalizar que o indivíduo está imerso em pensamentos e não tem certeza do que deve dizer em seguida na conversa.

O que você exterioriza através de seus sinais nãoverbais e da linguagem corporal afetará o modo como os outros o percebem, o quanto o respeitam e gostam de você como pessoa, e quanta confiança (se têm alguma em você) sentem. Muitas pessoas enviam constantemente sinais de linguagem corporal negativos ou confusos sem estarem cientes disso. Infelizmente para elas, tanto a confiança quanto a conexão podem sofrer como resultado do desconhecimento.

A linguagem corporal versa mais do que apenas sobre a forma como nos movemos:

Movimentos não verbais podem envolver bem mais do que apenas gestos, movimentos de braços ou movimentos dos dedos. Esta área pode potencialmente abranger o seguinte:

Como nos mantemos: isso pode envolver qualquer coisa desde à postura até o modo como cruzamos ou não cruzamos os membros, quanto espaço ocupamos quando estamos sentados ou em pé.

Quão perto chegamos dos outros: o espaço que colocamos entre nossos próprios corpos e os de outras pessoas tem muito a ver com nossa linguagem corporal.

O movimento e o foco de nossos olhos: a maneira como focamos nossos olhos, com que frequência piscamos e onde olhamos enquanto falamos ou não falamos, desempenham um papel em nossa linguagem corporal geral e na comunicação não verbal.

A maneira como tocamos os outros e a nós mesmos: algumas pessoas sentem-se confortáveis tocando o braço da pessoa com quem estão falando ou tendem a esfregar o próprio braço enquanto falam. Tudo isso faz parte da linguagem não verbal.

Como seguramos ou nos relacionamos com os objetos:
o modo como mantemos nossos corpos em relação às coisas, tais como cigarros, óculos, canetas ou roupas, todos influenciam como nos comunicamos não verbalmente.

Nossa transpiração e batimentos cardíacos: outras ações físicas às vezes menos visíveis também cumprem um papel na linguagem de nossos corpos.

O que não é considerado uma parte da linguagem corporal?

Há algumas áreas consideradas separadas da linguagem corporal, como pausas na fala, volume e variações de frequência da voz. Muito do que pode acontecer nessas áreas seria perdido se pensássemos apenas na comunicação verbal e em definições típicas e limitadas de comunicação não verbal e linguagem corporal.

O tipo ou tom de voz usado nem sempre são sinais considerados como parte da linguagem corporal não verbal, porque são sonoros em vez de visuais ou físicos. Na mesma linha, os batimentos cardíacos e a respiração são frequentemente excluídos das definições oficiais de comunicação não verbal. De qualquer modo, desempenham um papel na linguagem corporal.

Por que você deve prestar atenção aos sinais sonoros:

A maneira como uma pessoa usa sua voz é uma parte altamente significativa e amiúde subconsciente do modo como ela se comunica, e pode dar uma boa visão de suas emoções e pensamentos subjacentes. O batimento cardíaco de uma pessoa e a maneira como ela respira são praticamente inaudíveis, mas provocam movimentos perceptíveis e também podem nos dizer muito sobre o que ela está realmente pensando e sentindo. Por essas razões, é inteligente considerar esses fatores no conjunto da comunicação não verbal e da linguagem corporal.

Como os olhos contribuem para a compreensão e a avaliação entre as pessoas:

Isso é bastante óbvio, mas os olhos são um aspecto importante da comunicação não verbal. A maneira como reagimos aos olhos de outras pessoas, por exemplo, sua expressão, foco e movimentos, e suas reações aos nossos, desempenham um papel enorme na maneira como nos avaliamos mutuamente. Também contribui enormemente para a nossa compreensão mútua, tanto em níveis conscientes como inconscientes.

Não usando a fala, muita emoção pode ser expressa em apenas um olhar. O evento familiar descrito em incontáveis obras de ficção, de duas pessoas trocando um olhar breve dos extremos de uma sala, não é apenas uma ideia romântica simpática, masestábaseada em ciência sólida envolvendo o poder de comunicação da linguagem corporal entre humanos.

A evolução da linguagem corporal e como usá-la:

Os efeitos listados acima e outros exemplos dados neste livro têm sido uma parte real do que significa ser humano por incontáveis séculos. Nosso corpo e as reações entre si estão se desenvolvendo há tanto tempo que atingiram um grau de habilidade para além do nosso alcance de compreensão.

Embora a maioria de nós possa tomar isso como certo ou ignorar seus fenômenos circundantes, todos podemos aprender muitíssimo sobre como reconhecer isso se apenas nos concentrarmos e tentarmos. Aqui estão algumas maneiras de se tornar maisconsciente dessa linguagem silenciosa:

Ao sentir interações ao invés de ouvir:
é fácil ser pego pelas palavras ao interagir com outras pessoas, mas muita sabedoria pode ser obtida aprendendo a se concentrar nos sinais além discurso. Isso envolve explorar as partes mais intuitivas de nossas mentes durante uma conversação.

Mantendo o sentimento em mente enquanto fala:
uma maneira de certificar-se de que seus verdadeiros pensamentos e emoções estão sendo expressos enquanto você interage é sentir e incorporar plenamente o pensamento ou sentimento que deseja transmitir. Esta é uma ótima maneira de se tornar um comunicador mais eficaz e assumir o controle de sua própria linguagem corporal.

Assistindo filmes com o volume desligado:
embora possa parecer estranho, essa é uma boa maneira de melhorar a leitura de emoções livre da distração verbal. Da próxima vez que estiver assistindo a um filme ou programa, tire o somda televisão e veja o quão acuradamente você pode adivinhar o que está sentindo a pessoa na tela. Você pode assistir novamente ao episódio ou ao filme com o volume ligado, para certificar-seda precisão de suas avaliações.

A maneira como interpretamos essa linguagem sem som, especialmente as expressões dos olhos e da face, está embutida em nós instintivamente e, com um pouco de percepção consciente, podemos nos tornar mais cientes dos sinais constantemente trocados entre nós. Isso inclui os sinais por nós transmitidos e os observados nos que estão ao nosso redor. Praticar esta forma de arte nos dará uma grande vantagem em muitos aspectos da vida,num nível pessoal e profissional.

Aprender sobre isso nos ajuda a compreender e desenvolver o autocontrole:

muitas pessoas têm dificuldade de autocontrole ou de serem compreendidas. Isso tem muito a ver com estar fora de contato com seus próprios sinais e com a maneira como são entendidos pelos outros. Quanto mais nos esforçarmos para compreender os significados não verbalizados e as ações dos outros, mais podemos aprender sobre essas mesmas coisas dentro de nós.

Uma vez que começarmos a entender melhor a comunicação não verbal, melhoraremos e aperfeiçoaremos o que nossos próprios corpos estão constantemente dizendo aos outros sobre nós. Essa mudança criará um momento pessoal positivo em nossa forma de agir, em comonos representamos, como nos sentimos dia a dia, e nas coisas que somos capazes de alcançar. Também nos ajuda a ter uma influência mais forte sobre outras pessoas.

Capítulo 3: Evolução e Natureza

A comunicação implícita é inegável como parte da evolução de nossa espécie, masmais uma questão se coloca: quais são as qualidades herdadas e quaisas desenvolvidas ao longo da vida? Nela estão agraciados muitos aspectos da existência e do comportamento humano.Assim, torna-se uma parte importante na descoberta do que significa para você a linguagem corporal.

A natureza vs. a educação na linguagem corporal:

Quais partes da linguagem nãoverbal vêm da genética e quais foramcondicionadas em nós? Talvez nunca saibamos com certeza e inúmeras opiniões diferem sobre o assunto. Este debate ocorre há muitos anos, segueaté os nossos dias e complementa-se, por um lado, com pesquisas científicas provando a natureza como responsável; por outro lado, comprovando serem os aspectos culturais os determinantes em nossa aquisição da linguagem corporal.

Essa questão torna-se ainda mais complicada quando consideramos a habilidade inata em humanos de aprender a executar e ler sinais nãoverbais. A melhor resposta que podemos encontrar para a questão é atribuir a responsabilidade tanto à natureza quanto à cultura. A linguagem corporal vem parcialmente e de maneiras específicas dos atributos de nascimento (natureza), mas também da maneira como somos ensinados e condicionados a ser (criação). Enquanto alguns estilos não verbais de comunicação são definitivamente herdados através de nossos genes e expressados da mesma forma por todos os indivíduos, outros aspectos dessa linguagem definitivamente não são herança genética.

O reconhecimento e o uso de expressões fundamentais específicas da face são considerados agora como padrão para todas as pessoas. Isso significa serem elas geneticamente decididas, consistentes e iguais para todas as pessoas, não importa onde nasçam ou morem. Entretanto, o reconhecimento e o uso de movimentos físicos menos óbvios e estabelecidos (como o piscar dos olhos ou movimentos das mãos) e o modo como as pessoas lidam com seu espaço pessoal são considerados condicionados.

Isso significa que a forma como as pessoas se envolvemnesses movimentos está mais implicado com suas influências ambientais do que com as tendências com as quais nascem. Essas expressões dependem fortemente da cultura e dos grupos da sociedade e diferem amplamente de lugar para lugar e de pessoa para pessoa.

Existem certas variações de fala junto a padrões de entonação de voz enquadrados nas categorias de aprendido e dependente do ambiente. Isso só se aplica, no entanto,ao considerar-se a linguagem corporal como tudo o que está fora dos métodos de comunicação verbal.

Como resultado dessas descobertas, podemos ter certeza de que a comunicação nãoverbal (o recebimento e envio subconsciente e consciente de movimentos da linguagem corporal, em particular) é parcialmente determinada geneticamente e parcialmente ensinada a nós. Portanto, participam neste processo tanto a natureza quanto a educação. Isso pode ser importante para qualquer pessoa que queira ter uma noção completa do que essa ciência realmente significa e como usá-la para melhorar suas vidas.

O lado mais confuso da comunicação não verbal:

As perspectivas evolutivas sobre o assunto da linguagem corporal são tão numerosas quanto intrigantes em relação ao propósito dessa linguagem e à forma como ela é usada. Alguns até exploram esse conhecimento, o que aumenta a necessidade de se tomar consciência dos sinais nãoverbais e do que eles significam.

Muitos humanos têm o hábito de mentir, fingir e manipular. Alguns até dizem ser da natureza das pessoas agir dessa maneira, embora algumas pessoas não façam isso com frequência. Por inúmeras razões, alguns indivíduos têm uma tendência a esconder frequentemente e intencionalmente os seus verdadeiros pensamentos e emoções. Nós nos acostumamos a esperar isso dos outros. Como resultado, fazemos o possível para imaginar o que a outra pessoa está pensando. Este desejo de entender verdadeiramente o que está por trás de nossas máscaras sociais intensifica-se na medida da importânciado relacionamento.

Mais benefíciosdessa função evolutiva:

A linguagem não verbal, não expressa na fala, tácita, pode nos ajudar a proteger e administrar esses impulsos, especialmente quando se trata de namorar ou flertar. Saber ler essa linguagem também pode ajudar as pessoas com sua comunicação e a corrigir problemas nos relacionamentos, quando a fala e as ações conscientes falhamnessa tarefa.

Esta linguagem de nossos corposdesenvolveu-se não obstante nossa inteligência e consciência. Ela pode ajudar a proteger-nos, conectar-nos a mentes semelhantes, e até mesmo tomar cuidado fundamental de nós. Isso acontece quer estejamos conscientes disso ou não, mas nos tornarmos mais conscientes (de nós mesmos e dos outros) é a melhor maneira de exercer este poder e chegaraos resultados que desejamos.

A linguagem corporal na História da humanidade:

A relevância da linguagem não falada na administração, nas relações pessoais e na comunicaçãoé enorme. Tornou-se uma corrente principal na ciência e no interessegeral nos últimos anos. A despeito do interesse generalizado nestefenômeno ser relativamente novo, temos nos apoiado por incontáveis séculos nestes sinais usando nossos instintos.

Podemos olhar para necessidades precoces de interpretação da linguagem corporal em jogadores de pôquer na América do Velho Oeste. Aqueles que venceram no jogo tinham que ser altamente habilidosos em lidar com um revólver de seis balas e também estarem conscientes de seus próprios sinais nãoverbais, e dos sinais das pessoas com quem jogavam. Até mesmo na história anterior, os líderes de tribos e exploradores precisavam ter conhecimento de como ler os sinais não ditos de inimigos em potencial, o que lhes dava a capacidade de saber em quem confiar e a quem atacar, ou dese defender. Estendendo-se a linha do tempo bem mais para trás encontramos nossos antepassados da era das cavernas, que definitivamente tiveram a necessidade de ler com precisão os sinais não emitidos pela fala, devido ao fato de que a linguagem falada ainda não existia, disso estamos cientes. Nossos antigos ancestrais também precisavam aprender a interpretar os movimentos e a linguagem não falada dos animais, e os animais tiveram que aprender a nos ler. Os humanos obviamente tinham a vantagem a esse respeito.

Cavaleiros, pastores e treinadores de animais têm sido altamente qualificados em ler a linguagem corporal dos animais até hoje. Saber ler sinais não verbais e linguagem corporal, incluindo pensamentos e sentimentos, está codificado em nossos genes. Se não tivéssemos essa habilidade inata, é duvidoso que nossa espécie tenha sobrevivido até os dias atuais.

Diferenças entre homens e mulheres na leitura da linguagem corporal:

Quando se trata de linguagem corporal, as mulheres têm a vantagem em perceber e interpretar. Isto pode ser devidoà razões evolutivas, uma vez que as mulheres tiveram que desenvolver fortes habilidades de leitura da linguagem corporal para compensar a vulnerabilidade física em relação aos homens. Isso estendia-se à proteção de seus próprios filhos, o que exigia alta percepção para a leitura de sinais de pessoas perigosas. As mulheres não são tão vulneráveis fisicamente no presente, mas sua capacidade de leitura da linguagem corporal ainda supera a dos homens. Isso implica numa maior eficácia feminina no usoda linguagem corporal para receber e enviar sinais.

As mulheres são em média mais sensíveis empaticamente do que os homens, isso tende a andar de mãos dadas com a capacidade de conscientização da linguagem corporal. Apesar de outras diferenças de gênero, homens e mulheres com altas habilidades empáticas são muito melhores em ler os sinais da linguagem corporal de outras pessoas.

Capítulo 4: Fatores que afetam a Interpretação

A comunicação não-verbal é interpretada até certo ponto em um nível instintivo por todos os humanos, mas esse aspecto é infinitamente complexo. Isso não surpreende quando se considera que o corpo médio pode produzir até setecentos mil movimentos invulgares. Uma vez que existe um potencial de confusão alto na leitura de sinais não verbais, aqui vão alguns ítens a considerar ao tentar interpretar a linguagem corporal de alguém:

O contexto da situação:
Essa linguagem pode ser grandemente afetada pelo contexto de uma situação. Pistas em um cenário podem significar algo completamente diferente em outro. Veja alguns exemplos:
Se alguém coça o nariz, presume-se que isso seja um sinal de mentira. Contudo, alguém pode ter uma coceira genuína.

Se alguém cruza os braços, geralmente supomos estar na defensiva, mas pode estar se aquecendo.

Se alguém esfrega os olhos, pode estar realmente aliviando alguma forma de irritação, em vez de chateado ou descrente.

Se você tem provas suficientes ou só indícios:

Um sinal isolado na linguagem corporal não é tão confiável quanto vários em conjunto. Grupos de sinais podem fornecer uma indicação muito mais clara de verdadeiros significados ou sentimentos do que apenas um par de sinais por conta própria. Ao tentar ler a linguagem corporal você deve:

Evitar analisar sinais isolados.

Procurar por vários sinais que, em combinação, dão suporte a uma conclusão genuína e confiável.

Evitar tirar conclusões de sinais que parecem misturados ou sinalizam coisas opostas.

Etnia e Cultura:
Alguns símbolos da linguagem corporal são os mesmos universalmente, tais como franzir a testa ou sorrir, mas outros são relevantes apenas para certos grupos étnicos ou culturas. Estar ciente das diferenças na linguagem corporal para diferentes culturas está se tornando ainda mais importante, pois nos dias atuais há uma grande mistura e maior heterogeneidade entre os povos.

Preferências de espaço pessoal (a quantidade de espaço entre as pessoasconfortável para ambas as partes) variam amplamente entre indivíduos de diferentes culturas.

Gênero e Idade desempenham um papel em como a Linguagem Corporal é Interpretada:
Muitos sinais para a linguagem corporal não falada são altamente relativos e diferem dependendo das características ou qualidades da pessoa. O gesto de uma pessoa em um cenário específico pode ter muito mais ou muito menos significado quando comparado a um movimento

semelhante usado por outra pessoa em outro cenário. Aqui estão alguns exemplos de como pessoas diferentes podem exibir diferentes sinais de linguagem corporal:

Homens mais jovens tendem a ser menos inibidos, possuem muita energia natural, e como resultado partilham gestos mais exagerados.

Mulheres mais velhas, em comparação, tendem a ter menos energia e usam gestos e posturas menos pronunciadas.

Desta forma, quando estiver tentando avaliar os sinais nãoverbais de alguém, particularmente à naturezado significado por trás deles, você deve ter em mente que essas coisas são muitas vezes relativas e dependem de quem você está observando.

Decepção ou pretensão:

Você, sem dúvida, deparar-se-á com pessoas que controlam seus movimentos artificialmente para criar uma impressão falsa com propósitos específicos. Alguns sinais que podem ser facilmente falsificados são:

Fazer contato visual diretamente.

Um aperto de mão firmemente confiante.
Esses sinais podem ser fingidos de modo razoavelmente fácil, mas usualmenteapenas por curtos períodos de tempo. Porém, pode-se ser consistente com a falsificação desses sinais. Embora você possa fingir esses sinais, é impossível um indivíduo suprimir ou controlarsempre seus sinais de linguagem corporal. Este, entre outros, é um bom fator a ser considerado ao analisar sinais solitários da linguagem corporal, além de procurar o maior número possível de sinais. Você pode procurar pelo seguinte se suspeitar de sinais falsos:
Pupilas contraídas.
Sobrancelhas levantadas.
Boca contorcendo-se.
Essesmicro gestospodem ser valiosos para discernir o motivo real oculto sob os sinais potencialmente falsos de alguém. Uma vez que esses movimentos são tão pequenos, difíceis de identificar e subconscientemente encenados, eles não podem ser controlados, o que os torna altamente úteis na observação dos outros.

Sinais de Insegurança, Nervosismo ou Tédio:

Algumas dicas nãoverbais sinalizam emoções negativas como insegurança,ansiedade, desinteresse ou tédio. Pode ser tentador ver esses sinais e tirar conclusões precipitadas de que uma pessoa tem uma fraqueza. Você deve, no entanto, considerar a situação antes de saltar para tal conclusão, especialmente se você estiver em um ambiente profissional.

Muitas vezes, é a situação particular em vez do indivíduo, que está fazendo com que os sinais apareçam. Aqui estão algumas amostras de situações que poderiam estar produzindo sinais negativos e emoções em pessoas que são de outra maneira confiantes e fortes:

Estresse não relacionado à situação em questão.

Muito aprendizado novo ou conhecimento ao mesmo tempo.

Exaustão ou cansaço geral.

Frio ou calor extremos.

Estar cansado ou com fome.

Deficiência ou doença.

Estar sob efeito de álcool ou drogas.
Mudança, uma nova situação ou falta de familiaridade.
Ao analisar os sinais de alguém, pergunte a si mesmo:
Quais condições poderiam estar tendo um papel na condição ou no humor da pessoa que estou observando?
Quais fatores poderiam estar afetando minha pressa em assumir coisas sobre a pessoa?
É muito importante não tirar conclusões precipitadas, especialmente aquelas que refletem negativamente na pessoa que está sendo observada, quando você está analisando a linguagem corporal de alguém.

Capítulo 5: Traduzindo Linguagem Corporal

Quando você está traduzindo os sinais não verbais de alguém em significados e sentimentos, tenha em mente que um sinal isolado não significa necessariamente algo em particular. Grupos de sinais são mais confiáveis para decifrar o estado interno de alguém. Este livro destina-se a fornecer orientação geral, em vez de uma maneira objetiva de julgar os outros. A linguagem corporal é apenas uma das muitas indicações diferentes de motivo, significado ou humor dos indivíduos.

Coisas a ter em mente sobre a leitura da linguagem corporal:

Esta é uma ciência nova e inexata deve ser lembrada ao empregá-la.

Nenhum sinal é suficiente para ser uma indicação confiável ou objetiva de um sentimento ou estado mental interno.

Entender verdadeiramente a comunicação não-verbal está relacionado a interpretar múltiplos sinais consistentes uns com os outros, para indicar ou apoiar uma suposição ou crença específica.

Tradução para os Sinais Não Verbais:
Os Olhos:

Os olhos são um aspecto especial e possivelmente o mais revelador de todas as sugestões da linguagem corporal que recebemos e transmitimos a outras pessoas. Todos nós podemos ler os olhos de outras pessoas sem estarmos sempre cientes de por que ou como, e essa qualidade parece ser algo com que nascemos. Mesmo olhando para alguém de muito longe, somos capazes de perceber quando essa pessoa está fazendo contato visual conosco.
É fantástico o quanto somos capazes de sentir o olhar de alguém. Diferenciamos sem esforço entre um olhar vazio, um olhar focado, um olhar secreto ou um olhar desconfortável. Quer possamos ou não descrever esses olhares com palavras ou não, nós os reconhecemos instantaneamente e estamos cientes de

seus significados. Em seguida, há as pálpebras a considerar, a flexibilidade dos nossos olhos para se fecharem ou ampliarem e a capacidade de nossas pupilas de se contraírem ou se expandirem. Ao pensar em todos esses fatores, talvez não seja tão surpreendente nos comunicarmos de forma tão eficaz usando apenas nossos olhos.

Olhos olhando para a direita:
quando os olhos de alguém estão olhando para a direita, isso indica que o cérebro está criando ou imaginando algo. Isso ocorre porque o controle neuronal do corpo, em geral, é invertido. Se alguém está olhando para a direita quando está transmitindo fatos, pode significar que está mentindo. Porém, isso não quer dizer necessariamente que esteja mentindo. Em vez disso, poderia sinalizar especulação, fala hipotética ou produção de um palpite.

Olhos voltados para a esquerda:

quando os olhos de alguém estão olhando para a esquerda, indicam rememoração e honestidade sobre o que se está dizendo. O reconhecimento de rostos está mais ligado ao lado direito do cérebro.
A boca:
A boca humana está envolvida em um grande número de sinais nãoverbais, o que pode não ser uma surpresa, já que tem muitas funções. A boca é responsável pela comunicação verbal, obviamente, mas

também pela alimentação dos bebês, que é psicologicamente conectada a nós mais tarde na vida por emoções de sexo, amor e percepção de segurança ou falta dela. A boca é uma parte importante da linguagem corporal porque:
A boca de uma pessoa pode ser escondida ou tocada pelos próprios dedos ou mãos e tem grande flexibilidade, tornando-a uma parte importante e expressiva do rosto. A boca desempenha um grande papel nas expressões do rosto. Também possui uma maior variedade de porções móveis do que algumas das outras partes do corpo, o que proporciona um maior potencial de variação para diferentes sinais.
As orelhas e o nariz na maior parte dos casos envolvem-se na linguagem corporal pelo uso dos dedos ou mãos, mas a boca de uma pessoa pode agir e ser observada por si mesma.
Uma grande parte da comunicação não verbal passa pelo sorriso. Se um sorriso é real, será simétrico e afetará os olhos também, mas se um sorriso é falso, envolve apenas a boca.

A Cabeça na Comunicação Não-verbal:

Nossas cabeças são uma parte significativa do corpo para a comunicação não verbal. Nossas cabeças tendem a determinar a direção de nossos corpos e levar nossos movimentos, mas esta área central também é vulnerável e vital, abrigando nosso cérebro. Isso significa que essa parte de nossos corpos é usada com muita frequência para mostrar aprovação ou desaprovação e também na linguagem corporal de autoproteção e defesa.

Sua cabeça, graças à estrutura altamente flexível do pescoço, pode se mover para cima, para baixo (erguer ou encolher a cabeça), para a frente, virar para os lados, recuar, inclinar-se para trás, para frente e para os lados. Cada um desses movimentos tem um significado que pode ser entendido quando pensado em conjunto com outros sinais da linguagem corporal. Aqui estão algumas outras razões pelas quais a cabeça é um aspecto importante da linguagem corporal e vale a pena prestar-lhe atenção:

Ela possui um rosto – testa, bochechas, nariz, orelhas, olhos, sobrancelhas, boca, e cabelos, dando-lhe um efeito mais complicado e altamente visível nos músculos. Mais do que qualquer outra parte do corpo humano.

Nossas cabeças estão sempre enviando mensagens, subconsciente e conscientemente, especialmente quando usadas em combinação com nossas mãos, tornando-as ocupadas e dinâmicas na comunicação não-verbal.

Nossos rostos, juntamente com as mãos, são os mais eficazes na transmissão de sinais de linguagem corporal.

<u>As Mãos:</u>

A linguagem corporal das nossas mãos é ampla e variada, porque são partes do corpo muito expressivas que frequentemente estão interagindo com nossas outras partes do corpo, formando sinais o tempo todo. Essas partes têm mais nervos conectando com o cérebro do que todas as outras. As mãos, muito flexíveis e expressivas, são usadas com muita frequência para comunicar gestos conscientes e intencionais. Também realizam uma grande quantidade de movimentos que sugerem pensamentos e sentimentos ocultos. Um ouvido ou um nariz por si só não podem fazer muito para sinalizar emoções, mas se você adicionar um dedo ou uma mão à mistura, as possibilidades aumentam e provavelmente sinalizam algum tipo de comunicação da linguagem corporal. Aqui seguem alguns usos das mãos característicos na linguagem corporal:

Para ilustrar: as mãos podem ser usadas para moldar coisas no ar, desenhar imagens, sugerir o tamanho de algo e fazer atividades mímicas, como uma ligação telefônica.

Ênfase: Os movimentos das mãos podem dar ênfase extra ao discurso usando movimentos de corte, aparafusar ou apontar.

Para encenar sinais: Alguns exemplos disso são os gestos de aprovação e negação, o símbolo de que está tudo bem, os sinais insultuosos. As relevantes linguagens de sinais dos surdos e mudos, e a comunicação dos mergulhadores.

Para cumprimentar ou afastar-se dos outros:

Muitos de nós acenam para dizer olá unsaos outros e de novo quando estamos partindo.

Movimentos Inconscientes: Além dos movimentos conscientes acima, mais pode ser inferido por sinais não conscientes exibidos com as mãos. Estes podem incluir, por exemplo, a forma como alguém interage com outras partes do corpo, cigarros ou canetas. Esses movimentos não expressos podem significar muitas coisas, desde expectativa, engano, dúvida, até um estado de espírito aberto.

Especialistas em linguagem corporal geralmente concordam com o fato de que as mãos são a parte mais expressiva usada na comunicação não-verbal, além da face. Muita informação pode ser obtida a partir do estudo dos movimentos das mãos de uma pessoa, especialmente quando observada em combinação com outros símbolos da linguagem corporal, como postura, expressões ou espaço pessoal.

Capítulo 6: Como a Meditação Ajuda com a Linguagem Corporal

A meditação os torna mais conscientes de tudo, incluindo seus próprios sinais não verbais e os sinais dos que estão ao seu redor. Além disso, a meditação é uma prática útil para muitas outras áreas da vida. O que a meditação faz é ajudá-lo a se tornar mais consciente de seus padrões mentais, ajudando-o a ver seus padrões de pensamento como separados. Isso significa que você fica menos propenso a se distrair com a turbulência de sua mente, o que aumentará sua percepção do modo como você está se expressando para as pessoas e também dos seus sinais ocultos e linguagem corporal.

A meditação irá ajudá-lo com a Linguagem Corporal:

Acalmando a sua mente e aproximando-o da sua própria voz interior e intuição, o que é útil na comunicação não verbal.

Ajudando você a ler as pistas daqueles com quem você interage. Os sinais tornar-se-ão mais claros para sua mente, sendo menos confusos e ruidosos.

Aumentando sua confiança em si mesmo, tornando-o mais seguro de si e ciente dos sinais que você envia aos outros.

Aumentando sua confiança na interpretação dos sinais ocultos de comunicação da conversa com os outros.

Todos esses benefícios, e mais, ficarão disponíveis quando você estabelecer uma prática regular de meditação. Agora, vamos aprender algumas maneiras de começar a nos beneficiar dessa atividade maravilhosa e inestimável.

Tipos diferentes de meditação e como fazê-las:

Existem inúmeros tipos de meditação que você pode tentar e tipos diferentes de trabalho para pessoas diferentes. Aqui estão alguns exercícios de meditação que você pode testar para ver qual funciona melhor para você:

A Meditação sentado:

Talvez a forma mais conhecida e padrão, a meditação sentada envolve fechar os olhos e ficar parado por um determinado período de tempo. Você pode começar este exercício sentando-se em uma almofada de pernas cruzadas, em uma cadeira de costas retas com os pés no chão, ou ajoelhando-se. O que mais importa é que você encontre uma posição que seja confortável.

Agora você ficará quieto e tentará notar cada pensamento que cruza sua mente. O objetivo aqui não é parar de pensar, como muitos creem erroneamente, mas tornar-se consciente da tangente de pensamentos em sua cabeça que geralmente passa despercebida. Você pode começar definindo curtos períodos de tempo, tais como cinco minutos, e trabalhar até mais a cada sessão.

A Meditação Caminhando:

Para iniciantes esta pode ser uma escolha mais adequada. A meditação andando envolve caminhar na natureza e tentar atrair sua atenção para dentro de si, ouvindo seus pensamentos ou concentrando-se em sua respiração. Muitas pessoas acham isso mais fácil do que a meditação sentada, já que você está envolvido em uma atividade e fazendo seu corpo se mover.

Isso irá ajudá-lo com a linguagem corporal, porque você pode começar a se familiarizar com os movimentos do seu próprio corpo, com o modo como você se comporta e com outras idiossincrasias às quais você talvez nunca tenha prestado atenção antes.

A Meditação por Chamas de Vela:
Esta meditação envolve acender uma vela e olhar para ela por um determinado período de tempo. O fogo sempre cativou o espírito humano e é fácil ser absorvido por uma chama diante de seus olhos. Marque um tempo no seu relógio ou telefone e tente sentar-se e olhar para a chama, esvaziando sua mente de pensamentos. Você pode então começar a se concentrar em sua respiração para chegar a um estado calmo de ser e permitir que sua mente esvazie, até que você possa facilmente se tornar consciente de cada pensamento que passa por sua mente.

Cada uma dessas meditações recomendadas será mais eficaz se praticadas regularmente e complementados com lançamentos em um diário após cada sessão. A chave para nos tornarmos mais autoconscientes e, consequentemente, mais conscientes dos que nos rodeiam, é primeiro nos tornarmos conscientes de como são nossas mentes. Vivemos em constante distração, absorvidos em nossas mentes, todos os dias sem nos darmos conta. Para se tornar melhor em ler os outros e se comunicar de forma eficaz, devemos nos tornar mais conscientes, e a meditação é o primeiro passo.

Conclusão

Obrigado novamente por baixar este livro! Espero que este livro seja capaz de ajudá-lo a entender o quanto da comunicação humana não tem relação com palavras. Estamos nos comunicando constantemente, quer percebamos isso ou não, e nos tornarmos conscientes disso nos ajudará não apenas a entender melhor os outros, mas também a nos expressar de maneira mais eficaz. O próximo passo é usar as informações que você obteve neste livro para se tornar um melhor comunicador, tanto com as mensagens quanto com a interpretação.

Obrigado e boa sorte!

www.ingramcontent.com/pod-product-compliance
Lightning Source LLC
Chambersburg PA
CBHW071853070526
44583CB00016B/1671